頭の中を無限ループする
〝あの曲〟を
一瞬で消し去る**すごい集中法**

う〜ん……
アツメちゃん
資格試験の勉強
頭に入ってこない
ロボ
アツメ
どうした
デスヨ？
昨日カラオケで
歌った曲が頭の中で
リフレインして
集中できないんだよ
イエーイ
自業自得
デスヨ
でも
そんな時こそ
ロボに任せる
デスヨ
ピンポーン
こんにちはッ
呼ばれて来ました
クメハラです
ガチャ!!
えっ？
何!?

はじめに

私たちが目的に向かって歩みを進める時、ただ闇雲に「頑張る！」「必死に努力する！」

というだけでは、仕事も勉強も、何をする場合でも賢明とは言えません。

それは航海にも、山登りにも似ています。

①目的地までの正しい地図と磁石（計画）
②エンジンの性能（脳、心身の健康）
③天候（環境）

などが楽しさを左右するばかりか、成功と失敗を分け、生死を分けます。

幸い、仕事と勉強においては①②③全ての条件を、自らのちょっとした工夫で簡単に向上・改善することができます。

私は現在京都で条原学園という学習塾を開いて生徒たちに効率的な集中法や勉強法を教えています
本書ではさまざまな集中法を紹介するよもちろん全てをやる必要はありません気に入ったものをいくつか実践するだけでもOK!
クイズ番組『頭脳王』でもおなじみ
クメハラ先生
フフフーン
じゃあ早速──って
アレ?
重症デスヨ…

やらなければならないことを多く抱えているのに、

・やる気が起きない
・何から手を付ければいいのか分からなくてみんな中途半端になってしまう
・集中力が持続しなくて作業効率が悪く、なかなか先に進めない
・納得いく成果が出ない
・仕事や勉強のストレスから、心身の健康に悪影響が出てしまった

世の中にはそのような悩みを抱えている人が実にたくさんいます。

「方法」を知らないために辛く苦しい思いを続けるのは、あまりにも残念でもったいないと思いませんか？

そんな苦労をするのは、どうか今日で終わりにしてください。

私は本書の中で、以下の方法を紹介します。

①強制的に集中する

②集中力を高める
③集中力を持続させる
④集中を習慣にする

ゴールを目指す時、
どの道が最も安全で近道か知っていますか？
エンジンの性能は万全ですか？
メンテナンスの方法を知っていますか？
天候は良好ですか？
今楽しめていますか？
旅、マラソン、試合、芝居……
人生はさまざまなものに例えられます。
私は高村光太郎の
「僕の前に道はない。僕の後ろに道は出来る」
という詩がとても好きです。しかし、その歩み（道中）は、楽しくなければならな

いとも思っています。

「楽しいと思うことだけをやってきました」

これまで私は、あちこちでいろんな人にこう言ってきました。

しかしそれはあまり丁寧な説明ではありませんでした。楽しいことだけをして生きていける人間など実際にいるわけはないのですから。

なので、こう言い換えたいと思います。

「私は楽しくないことでもそれを楽しむ方法を知っています」と。

みなさんの人生で、仕事や勉強のスムーズな進行、喜びや楽しみを妨げているものは何ですか？

本書が、効率的で質の高い作業を楽しくおこないたいと思っている人のお役に立つことができれば嬉しいです。

そして「方法」を知ったみなさんが、ゴール地点を当初の目標より高くに、より遠くへと上方修正し、それまでも達成してくださったら、私にとってもこの上ない喜びです。

頭の中を無限ループする〝あの曲〟を一瞬で消し去る **すごい集中法**◆目次

第三章 集中力を高める環境づくり

集中できる人は〝型〟を大切にする

第四章 集中マインドを養う

集中できる体質を作り出すメソッド

登場人物紹介

アツメちゃん
まじめだけどもやや天然な女の子。現在資格試験に向けて勉強中だが、集中力が長続きしないことが悩みの種。

ロボ
アツメちゃんのお世話係として、日本ＡＩ技術センターから派遣されたモニターロボット。自称エリートロボだが、アツメちゃんの強い個性の陰で、完全にモブ化している。座右の銘は「俺はまだ本気出してない」。

クメハラ先生
本書の著者であり良心。高校時代に偏差値95を叩き出し、京都大学経済学部に首席合格。在学中に全国かるた学生選手権大会を3連覇。現Ａ級八段。2014年～2016年まで3年連続で日本テレビ系クイズ番組『頭脳王』に参加し、ファイナリストに選ばれている。現在は大学受験のオンライン個別指導塾「粂原学園」代表を務め、自らの経験を生かし、受験生にやる気が出る勉強法や集中法を指導している。

第一章

いつでもどこでも即集中！

頭の中で無限ループするあの曲を消し去れ！

集中力とは？

集中力とはズバリ、「意識・注意を一点に集める能力」のことです。

仕事や勉強の作業効率と質に大きく影響するものですが、それが欠落していると恐ろしい悲劇を招くこともあります。交通事故はその中でも最も多い例の一つです。自転車や車を運転している時、何も違反行為をしていなければ、人や物を傷つけ、交通事故の加害者になる可能性はゼロでしょうか。

そうではありません。集中力に欠け、ぼんやりと「漫然運転」をして事故を起こしてしまったら、「前方不注意」という「交通安全義務違反」に問われ、刑事処分を課せられることもあります。スピード違反も信号無視もしていないのに、集中力が欠けていたためにブレーキを踏むのが遅れ、「犯罪者」に――。一瞬の集中力の欠如で人生を棒に振ってしまう。

集中力というのはそれほど大切なものであり、それをコントロールする術は、誰もが必ず身に付けておかなければならないものだということを、まず再認識してください。

「仕事で成果を上げたい」

「勉強でいい成績を取りたい」

「志望校や資格試験に合格したい」

私たちはさまざまな夢や目標を持って日々努力し続けています。

その目標のためには、ここぞという場面で集中して結果を出していくことが求められます。

しかしそれは決して容易なことではありません。苦しいと感じている人の方が多いことでしょう。その原因の一つとして、頑張りたいという気持ちを邪魔するものが世の中には多すぎるのです。

先日、社会人の友人にこんな相談をされました。

「その日中に読みこなさなきゃいけない重要な書類がある時に限って、ＣＭで流れてた〝あの曲〟のフレーズが頭の中で無限ループして離れず、全然内容が頭に入ってこないんだ。一瞬で集中モードに入る方法を教えてくれないか」

友人は、『ちはやふる』という漫画の愛読者なのですが、そこには極度の集中力をもって戦われる、競技かるた（百人一首）の世界が描かれています。競技かるたは試合ごとに相手（敵陣）の札の位置を記憶し（試合中も札の位置は変わります）、読手《どくしゅ》の声に集中して札を取り合うのですが、一試合おこなうと頭も体もヘトヘトに疲れてしまう、まさに畳の上の格闘技です。漫画の主人公、綾瀬《あやせ》千早《ちはや》も集中力を維持するために、一試合ごとに大量のチョコレートを食べ、大一番を終えるとエネルギー切れで爆睡に陥るのですが、これは決してオーバーな表現ではないように思います。

というのも、私は学生時代より競技かるた部に所属しており、その苛酷さを体験しているからです。主将としてチームメイトと数々の大会で入賞を経験し、現在でも京都大学かるた会で後輩たちの指導に当たっています。友人はそのことを知っていたので、前記の相談をしてきたのです。

周りの人に聞いてみると、男女に限らず〝あの曲〟がいつまでも頭から離れず集中できない、という悩みが意外に多いことに気づきました。

集中したいのに邪魔をしてくる〝あの曲〟〝あのフレーズ〟。しかもそれを頭から追い出そうとすればするほど、それはリフレインしてくる……。

その悩みに応えるべく、本書は企画されたのです。

シロクマのことは考えないで！

友人の悩みを聞き、私は数年前、たまたま本で読んだ、ある実験に思い当たりました。それは、アメリカの心理学者、ダニエル・ウェグナー氏が一九八七年におこなった「ウェグナーのシロクマ実験」なのですが、とても興味深い結果を示しています。

ウェグナーはシロクマの映像を見せた被験者たちを三つのグループに分け、それぞれに対して三通りのことを教示しました。

第一グループには

「**シロクマのことをよく覚えておいてください**」

第二グループには

「何を考えても構わないが**シロクマのことだけは考えないでください**」

第三グループには
「シロクマのことは**考えても考えなくてもどちらでもいいです**」

さて結果はどうなったか。一年後、シロクマのことを一番よく覚えていたのは「シロクマのことだけは考えないでください」と言われた第二グループの人たちで、「シロクマのことをよく覚えておいてください」と言われた第一グループの人たちはシロクマの記憶が薄くなっていたのです。

ウェグナーはこの現象を「皮肉過程理論」と説明しています。

人間の脳は忘れようとすればするほど記憶に留まり、覚えておきたいことは忘れやすいというあまのじゃくなところがあるようです。このような脳の性質を知っていれば、記憶に関して普段の生活に生かすことができます。

この実験結果によって、忘れたい悲しい記憶（例えば失恋など）は、無理に忘れようとするのは逆効果で、記憶を封じ込めるのではなく、それを受け入れて（言葉に文字に表すなど）吐き出していった方が楽で早く悲しい記憶から解放されるということがわかります。

こんな話もありました。

中学の理科の授業で小腸の消化・吸収について学んだ時のこと。

先生は授業の終わりに「人間の小腸の内側の表面積は約二〇〇平方メートルで、ちょうどテニスコートに匹敵すると言われている」と言ったあとで「**これは覚えなくていい**」と付け加えました。テストの時に主に問われたのは消化酵素の名称だったと思うのですが、隣の席の友達がいくつもの解答欄に「テニスコート」と書いているのが見えてしまい笑いそうになりました。あの授業で彼は「覚えなくていい」と言われたから「テニスコート」のことだけよく覚えてしまったのかもしれません。ちなみに最近の研究で、小腸の内側の表面積はもっと狭いことがわかったようですので、やはりテニスコートは知識としては残念ながら不要だったということですね(笑)。

頭の中を無限ループする「あの曲」はこちらの事情を考えず突然やってきます(笑)。学生さんであれば、暗記モノではなく数学の問題を解いている時かもしれませんし、社会人の方などは、そもそも暗記するという案件があまりないのではないかと思います。それよりも、前述した友人の例のように、至急処理しなければいけない書類が目の前にある時に限って「あの曲」が邪魔をして、「頭に書類の内容が入ってこない！」となる場合が多いのではないでしょうか。

そのような場合でも大丈夫。

本章では、私が実際に試し、効果があったと実感できる幾つかのテクニックをお教えしたいと思います。

逆九九集中法

無限ループする〝あの曲〟を頭から追い出せ！①

頭の中の音は、やはり自分の声（音）で消すのが、一番手っ取り早い方法です。頭の中で意図しない音楽が流れてきたら、九九を唱えてください。普通に「1×1＝1（いんいちがいち）」と始めるのではありません。

「9×9＝81（くくはちじゅういち）」から「1×1＝1」まで、できるだけ速く唱えます。

めちゃくちゃ集中できます。と言うよりめちゃくちゃ集中しないと、速くは言えません。

実はこの逆九九、私がこれまでの人生で、母から強制されたただ一つの勉強だったのです。タイムを測りながら繰り返し練習した結果、小学二年生当時の私の最高記録は四七秒でした。この記録を更新してくれる人の出現を、楽しみに待っています。

最近になって気付いたのですが、私が競技かるたで強くなれたのも、受験が上手く

九九を逆から言うのは意外に大変。脳も活性化するぞ！

いったのも、もしかしたら逆九九トレーニングのおかげかもしれません。頭の中に曲が流れて困った時は、ぜひ試してみてください。

逆九九を言い終わったあとに、頭の中が数字でいっぱいになってしまうということはないので、安心してください。

無限ループする〝あの曲〟を頭から追い出せ！②——つぶやき音読集中法

逆九九と同様に、無限ループする曲を音で消し去る方法です。

私は以前から生徒さんたちに、記憶と集中のための有効な手段として、全ての教科で「音読」することを推奨してきました。数式も図形も、とにかく言葉に変換して声に出し、目からも耳からも知識を吸収するというのは、とても効率のいい勉強法です。学生なら教科書や英単語、仕事なら書類等を、言葉（音声）に変換することで、邪魔な曲を消し去ることができます。パソコンのキーボードを打つ時、無意識に文字を頭の中で音声変換していることに、最近気づいたという人がいました。それが無意識にできている人は、前夜にカラオケで熱唱した曲が頭の中をループして仕事の妨害をすることを、未然に防げているのではないでしょうか。

かといって授業中、就業中のデスクで音読するというのははばかられるものですが、心配はご無用。**音読は「つぶやく」だけで十分**なのです！

速いスピードでつぶやくことで頭の中の雑音が消えやすくなるぞ！

ただ、つぶやき方にもコツがあります。教科書も、書類の場合も、センテンスごとにしっかり区切り、**できるだけ速く**読んでください。

「きちんと理解できるようにゆっくり読むのでは？」と思った方もいると思いますが、それは違います。

限界まで速く読み、脳に負荷をかけることで、余計な雑音が取り除かれ、集中力を上げることができるのです。また、読み終わったあとに、理解できなかった箇所がより明確になりますので、その部分だけを復唱することで理解力の向上にもつながります。

フォトリーディングと混同される方もいると思いますが全く違います。フォトリーディングはページ全体をぼんやり見て重要語のみをピックアップし、短時間で文章の大意をつかむ時に用いるテクニックです。当然、細かな箇所は見落とされがちです。

ここでの目的は速さではなく、集中です。書類の内容に見落としがあっては困りますので、高速であっても一字一句しっかり読んで（つぶやいて）ください。

無限ループする〝あの曲〟を頭から追い出せ！③——赤ずきん集中法

こちらは少し高度な「音読集中法」です。

私が頭の中を無限にループする曲を、自らが発する音で撃退するようになったきっかけは、家にあった童話の「赤ずきん」でした。宿題はやりたくないけど、読みたい漫画も手元になかったので、なんとなく英文で書かれた赤ずきんを、声を出して読んでみたのです。内容がわかっている話なので、すらすらと、なかなか楽しく読めました。読み終わった途端に、それまで頭の中にあった、勉強には邪魔なさまざまなものが、自分の声で全部押し出された気がしました。どんなに易しい内容でも一応英語なので、宿題を始める前でも後ろめたくはなりません。そんな簡単なことで集中モードになれるなんて、ちょっと得をした気分でした。

次のページにある、話を要約した粂原バージョンの「赤ずきん集中法」を試してみてください。

"Come in."
"Hello, grandmother."
Little Red Riding Hood noticed her grandmother looked a little different. She asked,
"Why are your ears so big?"
"All the better to hear you with."
"Why are your hands so big?"
"All the better to embrace you with."
"Why is your mouth so big?"
"All the better to eat you with!"
And with that, the wolf sprung upon Little Red Riding Hood, and ate her in one gulp.
"I'm full. I'm getting sleepy. "
As soon as the wolf climbed back into bed, he began to snore very loudly.
Just then, a huntsman passed by. He stepped inside because he heard the wolf snoring.
"Oh, dear!"
He took a pair of scissors and cut open the wolf's belly, saving both Little Red Riding Hood and her grandmother.
"Thank you for saving us!"
Little Red Riding Hood and her grandmother hugged each other with joy.
After Little Red Riding Hood and her grandmother left, the huntsman shot the wolf dead.

Little Red Riding Hood learned to never wander off again.

THE END

この朗読音源をネットで配信しています。
これをPCやスマホで聞くだけでも効果アリ！
http://www.asukashinsha.jp/sound/9784864105729.html
スマホの方は右のQRコードから！

The Little Red Riding Hood

A long, long time ago, there was a sweet little girl. Everyone called her "Little Red Riding Hood" because she always wore a little red riding cloak. One day, her mother said, "Little Red Riding Hood, please go and visit your grandmother's house and give her some cake and this bottle of wine. Don't wander off on the way." Little Red Riding Hood promised to listen to her mother. She went outside with a smile on her face.

When Little Red Riding Hood entered the woods, a wolf came up to her.
"Hello, Little Red Riding Hood. Where are you going with such haste?"
"I'm going to visit my grandmother."
The wolf smirked and said,
"Do you know that there are many beautiful flowers in these woods?"
Little Red Riding Hood thought, "If I take a beautiful bouquet to my grandmother, she will be very pleased". "Thank you wolf." Little Red Riding Hood completely forgot the promise she made to her mother, and ran off into the woods to look for flowers.

The wolf ran straight to the grandmother's house and knocked on the door.
"Who's there?"
"Little Red Riding Hood. I brought you some cake and wine. "
The grandmother opened the door. The wolf attacked and swallowed the grandmother whole. The wolf then dressed in the grandmother's clothes and snuggled into bed.
After a while, Little Red Riding Hood came and knocked on the door.
"Who's there?"
"Little Red Riding Hood. I brought you some cake and wine. "

いかがでしょうか？　中学レベルの単語と表現で構成されていますので、読むことにはさほど苦労しないのではないかと思います。次の作業を始める前にこれを音読すれば、頭の中の雑音はなくなるはずです。念のため以下に日本語訳を書きますが、英文を読んでいる時は日本語に置き換えないでください。

なぜ「英語」で「音読」なのかといいますと、日本語で生活している人がそれをおこなうということは、脳が「普段と違う」ことをしなければならないからです。英語には日本語にない発音も当然あります。発音に注意を払い、赤ずきんの各場面をイメージしながら読み進める場合も、聞く場合も、集中しなければストーリーは浮かびません。逆説的にいえば、そうすることによって今まで頭を支配していた〝厄介な雑音〟が消え去るということですね。

読むのが少し面倒だな…という方は、英語バージョンの朗読を無料配信していますので、26ページのQRコードからぜひダウンロードしてください。こちらを聞くだけでも効果がありますよ。

赤ずきん

昔々あるところに可愛い女の子がいました。女の子はいつも赤いずきんをかぶっていたので、〝赤ずきんちゃん〟とよばれていました。

ある日お母さんが赤ずきんちゃんに言いました。

「赤ずきんちゃん、病気のおばあさんにぶどう酒とケーキを届けてほしいの。絶対道草はしないでね」

赤ずきんちゃんは楽しそうに出かけて行きました。

赤ずきんちゃんがおばあさんの家に向かう途中、森の中を歩いているとおおかみが現れました。

「赤ずきんちゃん、そんなに急いでどこに行くんだい？」

「おばあさんのお見舞いに行くの」

おおかみはニヤリとして赤ずきんちゃんに言いました。

「森にたくさんきれいな花が咲いているのを知ってるかい？」

赤ずきんちゃんは、もしきれいな花束を持っていけばおばあさんはとても喜んでくれると思いました。

「おおかみさんありがとう」

赤ずきんちゃんはお母さんとの約束をすっかり忘れて、花を探しに森に入っていきました。おおかみはその間に真っすぐおばあさんの家に走って行き、ドアを叩きました。

「トントントン」

「誰だい？」

「おばあさん、赤ずきんよ、ケーキとぶどう酒を持って来たの」

と、赤ずきんちゃんのふりをしたおおかみは、おばあさんのところに真っすぐ行き、ひと口でおばあさんを飲み込んでしまいました。

それからおおかみは、おばあさんの服を着てベッドにもぐり込みました。

少しして赤ずきんちゃんがやって来てドアを叩きました。

「トントントン」

「おばあさんこんにちは。赤ずきんよ」

「赤ずきんちゃん、入っておいで」

何も知らない赤ずきんちゃんは、おばあさんのベッドの側に行きました。

赤ずきんちゃんはおばあさんがいつもと違うことに気付きました。

おばあさんに尋ねました。

「おばあさん、おばあさんの耳はどうしてそんなに大きいの？」

おおかみは、答えました。

「おまえの声をよく聞くためだよ」

「おばあさんの手もどうしてそんなに大きいの？」

「おまえをうんと抱きしめるためだよ」

「あら？　おばあさんのお口、どうしてそんなに大きいの？」

「それはおまえを食べるためだよ！」

おおかみはベッドから飛び起き、赤ずきんちゃんをひと口で飲み込んでしまいました。

「あ〜お腹がいっぱいで眠くなってきたぞ」

そう言っておおかみはおばあさんのベッドでいびきをかき始めました。

近くを通りかかった猟師が、おばあさんの家からおおかみのいびきが聞こえてきたので、びっくりして家の中に入りました。

膨らんだおおかみのお腹を見て、猟師は
「なんてこった！　これは大変だ！」

と、ハサミでおおかみのお腹を切り、おばあさんと赤ずきんちゃんを助け出しました。

「猟師さん、ありがとう」

そう言って赤ずきんちゃんとおばあさんは抱き合って喜びました。

そのあと悪いおおかみは、猟師に銃で撃たれて死にました。

赤ずきんちゃんは、もう道草はやめようと決めました。

おわり

無限ループする〝あの曲〟を頭から追い出せ！④——えんぴつ集中法

えんぴつ集中法とは、作業や勉強をおこなう際に、**えんぴつの先端を三〇秒ほど見つめる**ことで、集中力をアップさせる方法です。

こんなことで集中力が上がるの？　と思われるかもしれませんが、集中が切れている時は、目線がノートやえんぴつから逸れているものです。

そこで「集中しなきゃ！」と思ったら、ペン先をじっと見つめてください。そうすることで、目が余計な動きをしなくなり、集中力が上がります。

なかなか作業や勉強が始められない、続かないという人は、まずこの方法を勉強開始前にやってみましょう。これを習慣づけることで、いつもより長く勉強することができます。

もちろん、使用するのはえんぴつでなくても構いません。シャーペンやボールペンでもOKですし、先端恐怖症の方は、紙に黒い小さな点を書き、そこを見つめるようにしましょう。**要は、視線を一か所に集めればいいのです。**

作業開始前に、ルーティンワークとしてこのえんぴつ集中法を使うことで、集中力を鍛えることができます。また、作業の取っ掛かりを良くする方法としても、簡単にできるこの集中法は有効です。

メジャーリーガーのイチロー選手は、バッターボックスに入る前に一連の決まった動作をし、集中力を高めることで有名です。

ポイントは、イチロー選手のようにいつも同じ動作をすること。そうすることで、自分を強制的に集中モードに切り替えているのです。このように、**自分に合った「儀式」を作業前におこなう**ようにすれば、作業効率を一気にアップさせることができます。この本の中で、さまざまな集中力アップ法を紹介しますので、気に入ったものを作業開始前の儀式として、ぜひ使ってください。

ピッ
自分なりのルーティンを作ろう!!

無限ループする〝あの曲〟を頭から追い出せ！⑤――声出し集中法

よく、スポーツの試合前にチームメイトと円陣を組み「絶対勝つぞー!!」「オー!!」と掛け声を上げる光景を目にします。

あれは気合を入れるためにおこなっているのですが、実は集中力をアップさせるという意味でもたいへん効果的なのです。

「集中した！」と声に出すことにより、脳を集中モードに切り替えることができます。

これは、作業中におこなってもＯＫ。実際に集中が切れかけてきた頃に、あえて声に出すことで自分へのプレッシャーになります。適度なプレッシャーは集中力アップに非常に効果的です。先ほどの「えんぴつ集中法」の後におこなえばさらなる効果が期待できます。

最近、漫画や映画で人気の『ちはやふる』や、コナンの映画でも題材になった「競技かるた」を、私はかれこれ十五年以上続けています。前述したように競技かるたは、記憶と集中力が極限まで試されるため、より集中するにはどうすればいいのか、日々

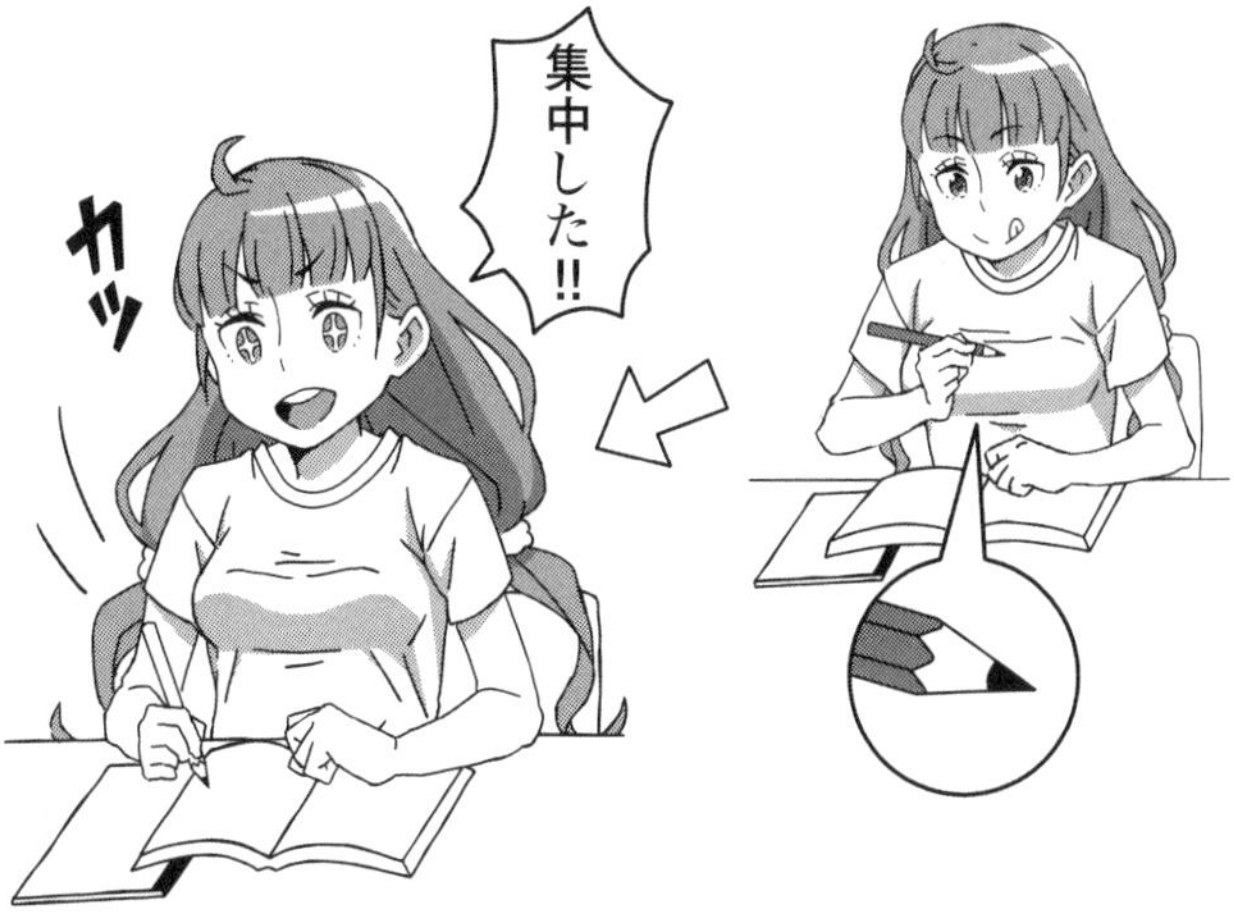

えんぴつ集中法と組み合わせると効果倍増！

模索しています。競技かるたの選手も、試合中「集中っ！」と、自分に声をかける選手が非常に多いです。私も、試合中に小声でですが、しばしば自身に向かって声をかけています。

無限ループする〝あの曲〟を頭から追い出せ！⑥——爪押し集中法

集中できない原因は、体調の不具合にあることも思いのほか多いのです。そのような時は「爪押し集中法」を試してみてください。

爪の生え際には、たくさんの神経が集中しています。そこを押し揉みし刺激することで、血流が良くなり、自律神経のバランスを整え、病気を予防したり症状を改善したりすることができます。

効果は指によって違います。ざっくり説明しますと、親指は呼吸を楽にし、人差し指はお腹の調子を整え、中指は耳の聴こえを良くします。小指は疲れの改善、精神の安定、記憶力アップ等、さまざまな嬉しい効果が期待できます。これらは副交感神経を刺激することによって体調を良くすることを狙ったものですが、薬指は交感神経に関係する繊細な場所なので、むやみに刺激しないでください。

薬指以外の八本の指を反対の手の二本の指で揉みます。場所は爪の生え際、力加減は痛気持ちいい程度。一本あたり一〇秒から一五秒ぐらいでいいので、二分あればで

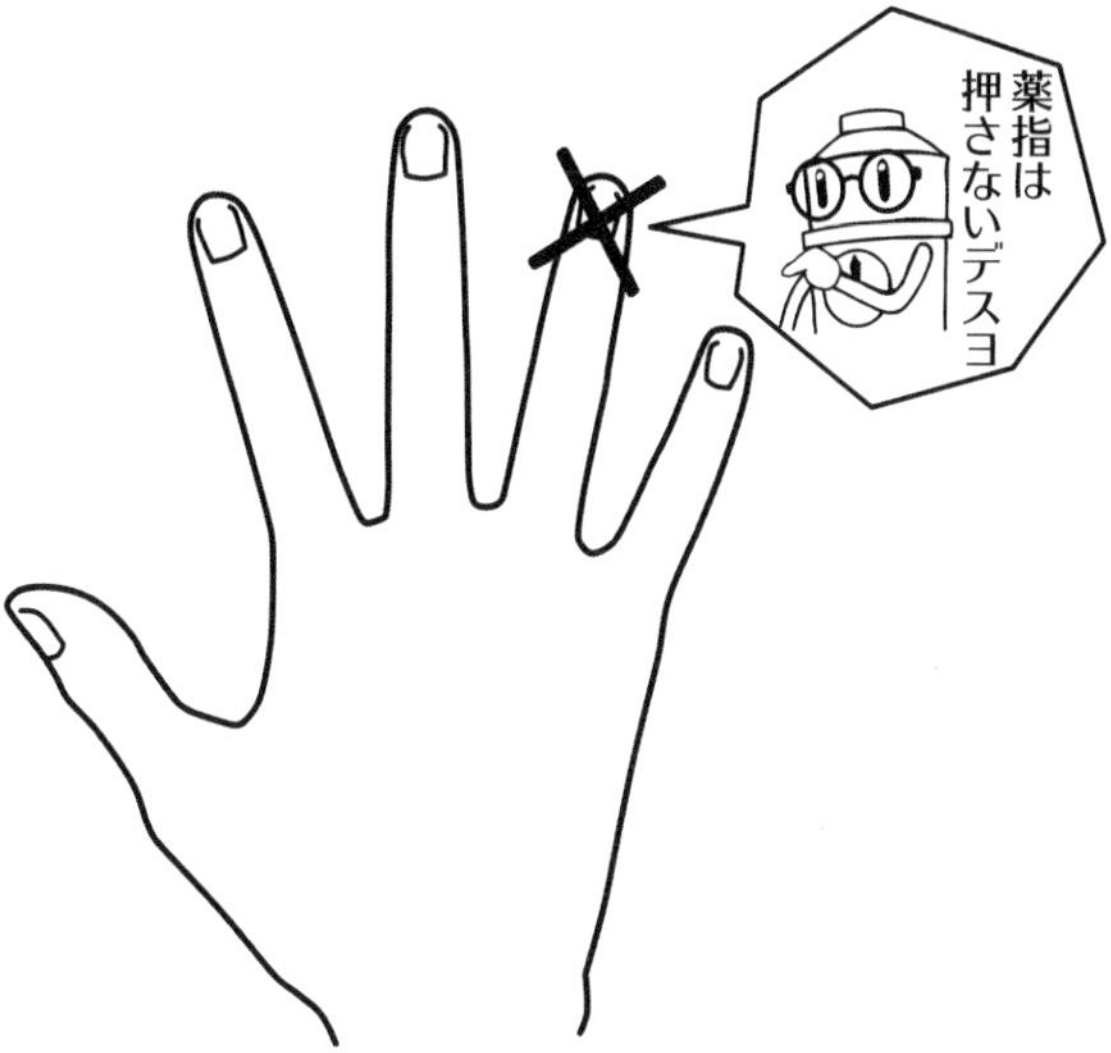

きますね。心身の不調で集中が切れてしまった人にぜひやってもらいたい簡単な方法です。

また、指先は脳の神経とも直結しています。**私は短時間で何かを覚えなければならない時には、爪をやや強めに押しながら暗記をします。**暗記などの単純作業は眠くなりやすいので、爪を押しながら作業することで眠気覚ましにもなります。

鼻呼吸集中法

口呼吸を鼻呼吸に変えるだけで集中力は上がります。鼻呼吸の方が口呼吸よりたくさんの酸素を身体に取り込むことができるからです。その分、脳が疲れにくくなるということですね。

また、口呼吸ではウイルスや細菌がダイレクトに身体に侵入してしまいますが、鼻にはフィルター機能があるのでそれを防ぐことができます。身体により多くの酸素を取り込み、風邪などのウイルス感染も予防してくれて一石二鳥。鼻呼吸をぜひ習慣にしてください。

さらに就寝時も鼻呼吸にすることができれば、口呼吸よりも質のいい睡眠を取ることができます。人は一日のおよそ三分の一は寝ているわけなので、その時間に身体に取り込める酸素量が増えることは、翌日の体調、集中力、脳の活動――全てにおいてプラスになります。

いびき防止用として売られている「マウスピース」は強制的に口呼吸を鼻呼吸にさ

せるために作られています。最初熱めのお湯をかけて樹脂を軟らかくし、少し冷ましてから口に装着します。それを何度か繰り返し違和感なく付けられように自分の好みの形に整えることができます。また、就寝時の口呼吸を防ぐために、口を留めるテープもあります。どちらもドラッグストアなどで安価で買い求めることができます。

無限ループする〝あの曲〟を頭から追い出せ！⑧――クラシック集中法

よく生徒さんから、

「勉強中に音楽を聴いてもいいですか？」

「どんな曲なら聴いてもいいですか？」

という質問をされます。

それについての私の答えは、イエス。私は専らモーツァルトを聴きながら勉強していました。特別な理由はなく、初めはただモーツァルトが好きだったから。

私は母のお腹にいる時から胎教としてモーツァルトを聴いていたらしく、また、小さい頃には自宅にあったＤＶＤの『アマデウス』を何度も繰り返し観ていました。今でも好きな映画のトップ10に入るくらい『アマデウス』は好きです。あの映画の世界観は本当に魅力的です。モーツァルトの曲でリラックス効果と集中力アップの二つの効果を実感していました。

どの曲でそのような効果を感じるかは人それぞれだと思っていたのですが、そうではなかったようです。

モーツァルトの曲には、「1／f（エフぶんのいち）ゆらぎ」が多く含まれていると言われています。「1／fゆらぎ」によってα波が出て、脳がリラックス状態になるとドーパミンが分泌するのです。そのことで得られる効果は絶大で、リラックス、やる気と集中力が出て作業の効率と質がアップします。

「1／fゆらぎ」は他の作曲家の曲にも存在しないわけではありませんが、モーツァルトの曲に最も多く存在しているために上記の効果のことを「モーツァルト効果」というわけです。

私の一番のおすすめは

「**アイネ・クライネ・ナハトムジーク**」

ですが、国内外の大学の実験でモーツァルト効果が証明された曲は

「**ピアノソナタ**」

や

「**メヌエット**」

などです。

ただ私はモーツァルトの曲には科学的実験では計り知れない「魔法」のような魅力も感じずにはいられません。クラシック以外でも、波の音や川のせせらぎなど自然界にも「1／fゆらぎ」は存在しています。

私の集中力アップ曲はモーツァルトなのですが、あなたがそれを聞いて心地よいと思う曲であれば、そちらをおすすめします。

作業中や勉強中におすすめできない曲は歌詞のある曲です。

無意識に歌詞を頭で追ってしまうのでやめましょう。ただ勉強と勉強の合間の休憩時間には、アップテンポの曲を聞いてテンションを上げるのもよいでしょう。ちなみに私は尾崎豊の曲でやる気を出していました。余談ですが、先日テレビを観ていたら「天国と地獄」をかけると家事がはかどるという主婦の方が出ていました。音楽の力は侮れませんね。

おすすめはモーツァルトだけど、自分の好きなクラシックやインストゥルメンタルでもOK！（歌詞ありはNG）

無限ループする〝あの曲〟を頭から追い出せ！⑨——水飲み集中法

私たち人間の脳の八〇パーセントは水でできています。**ほんの少しでも水分が不足すると、人間の知的パフォーマンスに悪影響を及ぼします。**科学誌『Frontiers in Human Neuroscience』に掲載された研究によると、知的作業に集中する前に水を飲んだ人は、水を飲まなかった人に比べて一四パーセント反応時間が速くなったそうです。熱中症対策というだけでなく、脳の機能を低下させないためにも、作業中はこまめに水分補給をしてください。

また、作業を始める前の習慣として、コップ一杯の水を飲み、集中開始のスイッチの一つにしてもいいのではないかと思います。

第二章

集中力を持続させるには

より深い集中、マインドフルネスにダイブする！

前章では、集中できない回路を一瞬で切り替えるメソッドを紹介しました。

本章では、その切り替えた集中を長続きさせる**「集中力持続法」**、集中をより深いものにする**「集中の質をアップさせる方法」**、集中が苦手だという方がそれを得意にしてもらえるトレーニング方法などをご紹介します。

また、脳の状態を良好に保つために欠かせない**「効果的な休息の取り方」**や**「モチベーションのアップ、維持」**にも簡単で有効な方法も紹介します。

どれも私の経験から優れた効果が期待できるものばかりですので、ぜひ参考にしてみてください。

私自身の子供の頃の恥ずかしいエピソードや最近の様子などを交えて、具体的にわかりやすく説明していきたいと思います。

ポモドーロテクニックと砂時計

一九九二年にイタリア人の作家、フランチェスコ・シリロという人が発案した「ポモドーロテクニック」は、**集中力に自信がない人でも取り入れやすい効果的で簡単な集中法**です。

ポモドーロとは、イタリア語で「トマト」という意味で、トマトの形をしたタイマーを使っていたことがその語源のようです。特に**クリエイティブな仕事をされている方に多く実践されているテクニック**と聞きます。ポモドーロテクニック用のスマホアプリも出ているようですが、アプリがなくてもタイマーさえあれば、誰でもどこでもすぐにできます。

タイマーを二五分にセットして、その時間は一つの作業（勉強や仕事）に没頭します。他のことを考えたりやったりしないでください。もし携帯が鳴っても、誰かに話しかけられても無視してください。無視できない状況の時は、ポモドーロはいったん中止して、タイマーを元に戻して最初からやり直します。

そういう意味では、一人での作業に向いています。二十五分間集中して作業したら、五分間の休憩を取ります。タイマーが鳴ったら、作業がどんなに中途半端な状態でもストップしてください。そして五分間の休憩時間には、考え事もスマホのチェックも一切せず、頭の中を空にします。

その工程を四回繰り返したら、今度は三〇分程度の長めの休憩を取ります。実際にはたくさんの仕事を抱えていても、**二五分間のタスク（少ない作業）を一つ一つクリアしていくと捉えることで、作業効率が格段にアップします。**

この方法が特に効果を発揮するのは、集中力が持続しづらいタイプの人。二五分間はギリギリ頑張れる絶妙な時間設定です。また短い時間でも「やり遂げた」という達成感が味わえ、それは小さな「成功体験」になります。この小さな成功体験の積み重ねによって自信が生まれ、それが更なる成功につながります。

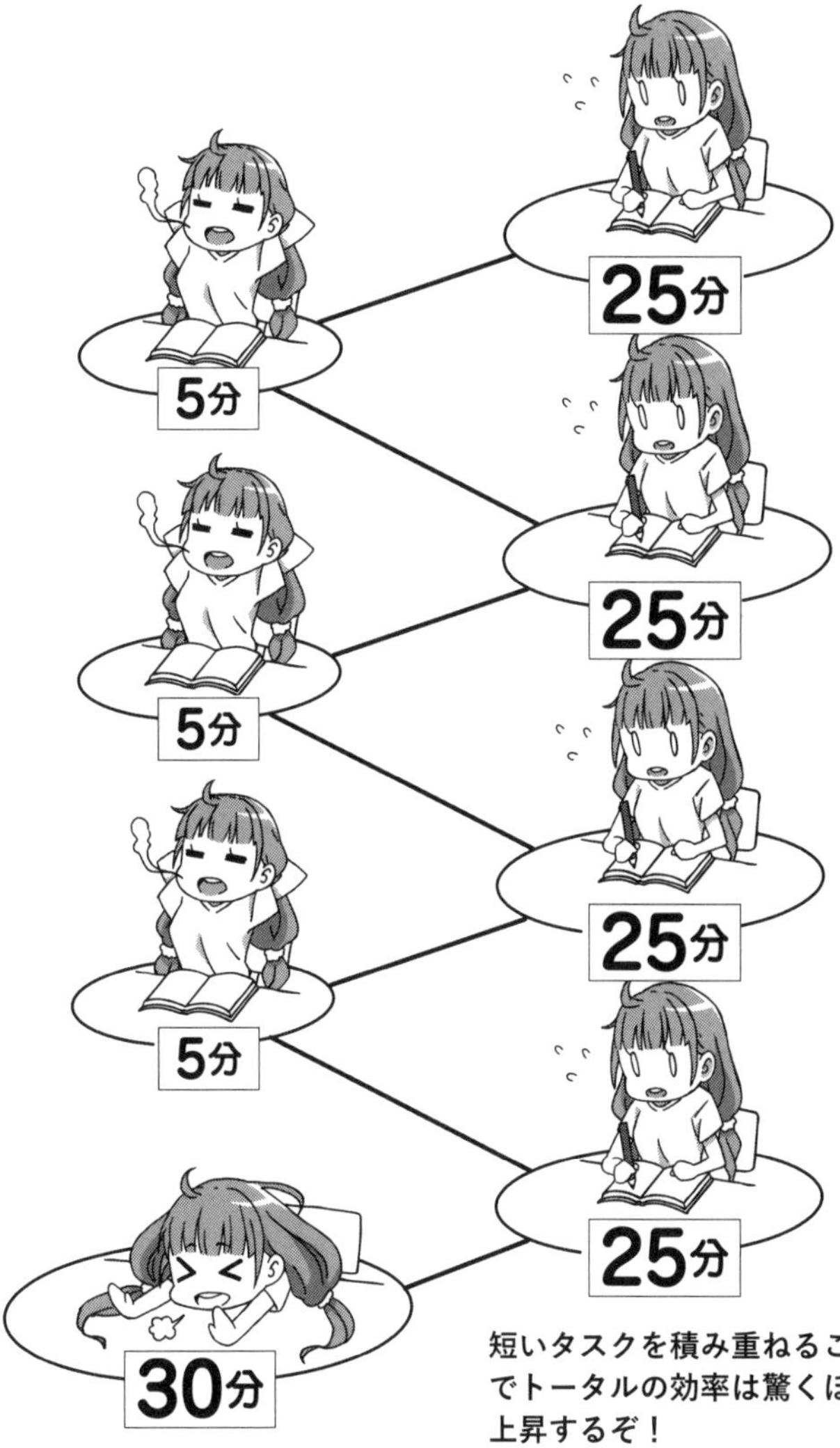

短いタスクを積み重ねることでトータルの効率は驚くほど上昇するぞ！

私がこのポモドーロテクニックのことを知り初めて使ったのは高校生の時です。やってみると「ん？　この感覚、なんだか懐かしいような……!?」と小学生時代の夏休み最終日を思い出しました。

小学生の夏休みといえば、大量の宿題です。毎年「今年こそ早めにやってしまおう！」と一学期の終業式の日には思うのですが、実際にそうできたことは一度もなく、ほとんど手つかずの状態で夏休み最終日を迎えていました。その日は父や母はもちろん、妹にまで手伝ってもらい、一家総出で私の宿題をすることが、まるで年中行事のようになっていました。

とにかく時間がありません。両親も妹も、私に文句を言う暇さえない状況です。各人がそれぞれ得意分野を担当し、朝から深夜までもう必死で宿題に取り組んでくれたおかげで、宿題の提出期限に間に合わなかったことは一度もありませんでした。

私もその時に限っては、あんなに面倒に思えた作文や感想文を書くことが全然嫌ではなくて、筆もすらすら進みました。まだ絵の具が乾ききっていない状態の画用紙を持って行ったことはありますが（笑）。

これは、認知心理学でいう**「締め切り効果」**（期限が切られたものに対して人は非常に集中力を発揮する）と呼ばれるものです。もちろん褒められた行動ではありませんし、当時の担任の先生に対して今でも申し訳ない気持ちでいっぱいです。悪い例ではありますが、小学校六年間の中で、八月三十一日ほど私が勉強を嫌がらずに集中できた日はないのではないかと思います。

さらに今回私が提案したいのは、普段使っているタイマーに代えてぜひ「**砂時計**」も使ってみてくださいということです。いつもと違う道具は脳に新鮮な刺激を与えてくれます。

また、私があえてこの砂時計を勧めることには別の意味もあります。時間を砂の量という感覚で捉えるのです。サラサラと流れ落ちる砂を見て感じる時間の経過と、デジタルの数字や針の動きで感じるそれは、なんだか別のもののような気がしませんか。有限で一秒たりとも戻せない時間を大切に使いたいという気分にさせてくれます。

作業を〝見える化〟する

やらなければならないことがそれほど多くない時は、それを紙に書き出し、できたものからチェックをしていけばいいだけなので簡単です。

集中力が長続きしないケースとして、やることが多くて、ついついいろんなことに目移りしてしまい、作業がまったくはかどらないということがよくあります。

そういう時は、作業に取りかかる前に以下のことをおこなってください。

紙に書き出すのは同じです。

まず「**今やらなければならないもの**（今できるもの）」と「**あとでもいいもの**（あとでやった方が効率がいいと思われるもの）」の二つに分けます。

「今やらなければならないもの」の中で、人に頼めるものがあれば、すぐ誰かに依頼します。

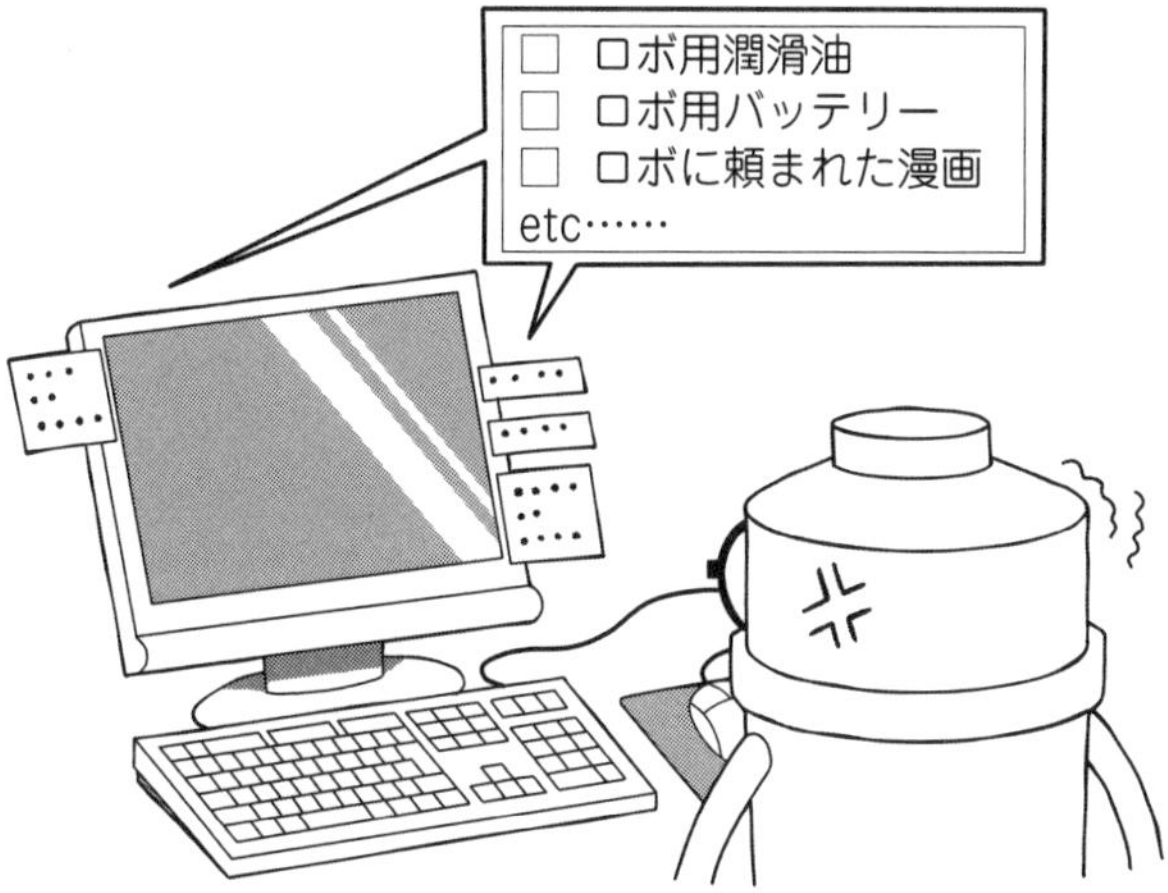

**あと回しでもいいものはポストイット
などに書いて貼りだしておこう！**

そして、自分が今やるべきものには優先順位を付け、紙に書き出して番号をふり片づけていきます。

「あとでもいいもの」は、期限と作業内容をポストイットに書いて、パソコンなどに貼っておき、貼り終わったら、今は忘れてしまいましょう。最近はポストイットも色や形などさまざまな物が売られていて、仕分け作業もずいぶん楽しくできるようになりました。紙に書き出し、頭の中を整理整頓しておけば、今これからやる作業にだけ集中することができるので、効率的かつミスも少なくなります。

単純作業に没頭する

集中して何かをおこなうことが超苦手、そもそも自分は落ち着きがなく集中力なんて初めからない……なんて思っている人がいるかもしれません。私も小さい時は落ち着きがなく、興味の対象がコロコロ変わり、いつもチョロチョロと動き回る子供だったそうです。私の場合は幸い、ある意味偶然の産物として集中力を養い、鍛えることができたのでとてもラッキーでした。

私の子供時代を一言で表すとしたらそれは「自由」です。テレビゲームで遊ぶ時間も制限されたことがありません。三歳からハマったスーパーファミコンで集中することを覚え、かるたを取ることでそれを鍛えていくことができました。とはいえ、集中力がないなと思っている方がこれを読んで今すぐテレビゲームを始めるのはやめてくださいね。遊ぶのが仕事である子供と違って、限られた時間の中でなすべきことをや

単純作業は時間を区切ってだらだらと続けないようにしよう！

らなければならない学生さんや大人の方には、その方法は当然不向きです。

まず時間を決めて、**できれば三〇分、無理そうならせめて二〇分、単純作業に没頭してみてください。**部屋の掃除や本棚の整理などでいいと思います。集中力がないという人は「意識して集中する習慣」を身に付けるところから始める必要があるからです。単純作業に没頭することがそのトレーニングになります。徐々に集中しなくてはならない時に集中できるようになります。必要に応じて脳のモードをコントロールできるようになるのです。

ブレインダンプ

ブレインダンプとは、耳慣れない言葉かもしれませんが、自己啓発の分野ではごく一般的なワードで、自らの本質を認識するための手法です。

頭の中に渦巻いているさまざまな思い、心配なこと、後悔していること、やりたいこと、やらなきゃいけないこと、欲しいもの、自分の長所（自信のあること）、短所（苦手意識があるもの）、将来の夢……等々、頭の中にあるものを全部書き出します。**頭に詰まっているもの全部を書き出すことで、一度脳みそを空っぽにするというイメージです。**

負の感情や嫌な記憶を文字に起こし、それを改めて目にすることはかなりの痛みを伴うかもしれません。でもそれをすると本当の、現実の自分と向き合うことができるのです。自分は頭の中にこんなにもたくさんのことを抱えていたのかと驚くでしょう。

ブレインダンプをすることで「自分がいまやるべきこと」がはっきりして、集中モードに入りやすくなるぞ！

いくら考えてもどうにもならない嫌なことにはバツ印をつけて記憶からも抹消してしまいましょう。**大切なことだけをピックアップし、紙の上で並べ替え整理していくと、自分がこれから進むべき道が見えてきます。**それこそが希望であり、やる気と集中力をアップさせてくれる唯一のエネルギー源なのです。

脳内の風通しがよくなることによって、思いがけないアイデアが浮かぶ可能性も大いにあるでしょう。

頭を冷やせ！　は本当です

頭を使いすぎてブドウ糖が不足したり、睡眠不足や過度のストレスなどで脳が疲れて機能が低下すると、それに逆らうために脳には必要以上の血液が集まってしまい、結果として熱をもってしまいます。**車のエンジンのオーバーヒートや、スマホが熱くなって動きが悪くなるのと同じ状態**です。

解決策は簡単なことで、冷たいもので頭を冷やせばいいのです。

夏の暑い時だけでなく、脳が疲れたと感じたら、風邪で熱が出た時に額に貼るジェルシートを使ってみてください。薬箱などで保管することが多いと思いますが、おすすめは冷蔵庫で冷やしておくこと。常温のものよりもはるかに冷たく感じますし、効果が長続きします。

以前は「頭を冷やしてきなさい」という言葉は、ひどく怒っている人や動揺してい

頭をクールダウンさせることで、眠気も取れて集中力は格段にアップするぞ！

る人に対して「冷静になりなさい」というだけの意味だと思っていたのですが、本当に（物理的に）脳内の温度を下げなさいということだったようです。

冷え性の女性だけでなく、誰でも身体を冷やすことは健康上よくありませんが、昔から頭寒足熱とも言われるように、頭だけは温めすぎないように気を付けましょう。

立ち上がって歩く

みなさんエコノミークラス症候群についてはよくご存知だと思います。これは狭い空間で足を長時間動かさないと足の血流が滞り血栓ができてしまう病気です。血栓によって血管が詰まることには他の要因も大きく関係していますが、血液の流れが滞ることによって、脳への酸素の供給量も減ってしまいます。

鼻呼吸によってせっかくたくさんの酸素を取り込んでもそれが脳に運ばれなくては意味がありません。私は勉強中だけでなく、競技かるたの試合中も何度も立ち上がります。約一時間半の試合で集中をマックスな状態で維持するためにはどうしても欠かせない習慣です。

少なくとも一時間に一回は立ち上がり、脚を運動させるために歩いてください。第二の心臓と呼ばれるふくらはぎを軽く揉むとさらに効果的です。

また、暗記したい時は、部屋の中をぐるぐる歩いて覚えることも効果的です。そして、ウォーキングをぜひ習慣にしてほしいと思います。ウォーキングは歩く時間が長くなるわけですから、血流がさらによくなり、当然脳に運ばれる酸素の量も格段に増加します。

多くの人はおそらく健康維持やダイエットを目的にウォーキングをしていると思いますが、脳の回転もよくなるのです。やる気や集中力がアップするのはもちろんですが、思いがけない発想やアイデアが生まれることもよくあります。

私はウォーキングに出かける時は常に小型のボイスレコーダーを携帯していて、何かを思いつくとすぐにそれを録音しています。スマホでもそれを代用できますが、歩きながらスマホにメモをするのは危険なのでやめてくださいね。

効果的に休息を取る

より深い集中に入るためには、体調が万全でなければなりません。ここでは、効果的に休息を取り、集中しやすい健康な体作りをする方法を解説したいと思います。

正しく休息を取る方法を知り、それを習慣化できれば、

- 勉強を始めた途端に眠気がくる
- 頭がぼぉ〜っとする
- だるくてやる気が出ない
- 朝なかなか起きられない

といった悩みから徐々に解放されます。

①寝る前にスマホは開かない

寝る前にスマホを開いてブルーライトを浴びるのは絶対にやめてください。寝付くのに時間がかかってしまうばかりでなく、睡眠の質そのものが落ちます。

ブルーライトが目によくないことは最近ではみんなが認知しています。パソコンでの作業中に専用の眼鏡を使用している人も多いと思います。しかし、一日の作業を終えて、寝る前の数分間、ついスマホをチェックするのが習慣になってしまっている人はいませんか？　照明を消すまたは常夜灯にして部屋を暗くし、ベッドの中でスマホを開いたりしたら、普段のパソコン作業よりはるかに強くて有害なブルーライトを瞳孔が開いた状態で浴びることになるのです。

これにより脳が興奮状態となり、なかなか寝付けない、やっと眠れたと思ったのに夜中に何度も目を覚ましてしまう、夢ばかり見て熟睡できず、朝の目覚めが悪いといった睡眠障害を引き起こしかねません。

リラックス効果が高いと言われている、ラベンダーのアロマキャンドルに灯をともして、その前でゆっくりホットミルクやハーブティーを飲んでからベッドに入るのが理想的ではありますが、いきなりそれを始めたら家族が変な心配をしてしまう恐れもありますので（笑）、まずは、**部屋の灯りを暗くする、寝る前にスマホを開かない、**この二つを心がけていただければと思います。

②日光をたっぷり浴びる

また、朝起きた時はたっぷりと日光を浴びましょう。こうすることで**生体リズムを司る細胞内の「時計遺伝子」がリセットされ、気持ちのよい一日を迎える準備が整います。**また、起床時に浴びる日の光によって、「睡眠ホルモン」と呼ばれるメラトニンの分泌量が減り、眠気が一気に消えます。

東に窓のある部屋を寝室にできれば最高ですが、家の間取りや家族の都合でそれが不可能な方は、朝日の差す窓辺に立って歯磨きをしたり、朝食をとるようにしてみてください。

ちなみに実家の私の部屋は東と南に窓があります。

高校卒業まで日当たりが良すぎる部屋で寝起きしていたのですが、そのことが入試の得点に多少は影響したかもしれません。そういえば、私は睡魔と戦いながら勉強し

目をつぶって太陽の方を向くだけでも、すっきり目覚めることができるぞ！

たことはないですし、深夜や早朝に勉強する必要もなかったと思います。私が元々特別頭が良かったという意味ではなく、短時間で効率的な勉強ができていたということです。

大学に入って一人暮らしを始めた私の生活リズムが徐々に狂っていったのは、奮発して買った「遮光カーテン」のせいに違いありません（笑）。

③簡単なストレッチをする

昼食時やコーヒーブレイクなどの短い休憩時間も有効に使いましょう。

その全てをスマホを見たり漫画を読んだりで使ってしまわないでください。短い休憩時間にしてもらいたいことは、まず少しでも身体を動かすこと。立ち上がってちょっと歩いたり、簡単なストレッチをしたりでもいいのです。また、数分間目を閉じて光を遮断することで、さらに効果的な休息を取ることができます。

（数分間目を閉じるのは一日に何度もやってみてください）

④パワーナップを取る

欧米では、日中に取る一五分から三〇分程度の仮眠を〝パワーナップ〟と呼び、**脳をすっきりさせ、仕事のパフォーマンスを上げる方法**として奨励している企業が多くあります。第二次世界大戦時のイギリスの首相、チャーチルも、常に冷静沈着な判断を下せる頭脳でいるために、日に何度も仮眠を取ったと言われています。

また、一日の多くを練習時間に費やす一流アスリートの中には、近年、昼食後、強

パワーナップは短時間が効果的。爆睡してしまっては意味がないぞ！

制的にパワーナップを取る人たちも増えてきました。

昼寝は今や〝怠け〟の象徴ではありません。

集中を持続させる自分でいるため、午前、午後の時間帯に関係なく眠くてたまらなくなった時は、一五分程度の仮眠を取りましょう。

パワーナップは一〇分〜三〇分程度が一番効果的であるという研究結果があります。タイマーやアラームを活用して脳のパフォーマンスを最大に引き上げてください。

仕事や勉強の合間の気晴らしに、スマホをいじったり漫画を読んだりテレビを観たりすることは悪いことではありません。

でもそれだけでは次の作業（勉強）効率を上げることはできないし、本当の意味の休息は取れないのです。

夜の睡眠も、長く寝れば心身の疲れが取れるというわけではありません。

最初のうちは意識しておこなわなければなりませんが、すぐに習慣となって自然にできるようになるでしょう。睡眠の質が上がり、結果的にだるくてやる気が出ない、頭がぼぉ〜っとする、朝なかなか起きられないなどの回数がどんどん減っていきます。もちろんそれに伴って、やる気や集中力も持続できるようになるので、ぜひ試してみてください。

成果を"見える化"する

突然ですが、ラジオ体操の出席カードを考えた人って凄いと思うんです。みんなが小学生の夏休みに行くラジオ体操。毎日カードにスタンプを押してもらうのってなんだか凄く嬉しいですよね。地区によっては期間中休まず出席した人には皆勤賞として賞品が貰えたりするみたいですが、私の育ったところは特にそのような制度はありませんでした。それでも、夏休みに早起きしてラジオ体操に行くことが全然苦ではなかったのは、カードに貯まっていくスタンプのおかげだったと思います。

勉強も仕事も、きちんと計画を立ててそれに沿って作業を進めることはとても大切なことです。ただ、やる気の維持や継続のためには、**計画よりも、その日にやったことを毎日記録していく方が効果があります。**

私は学生時代、毎晩寝る前に、手帳に勉強した時間を記録していました。それを書く瞬間も、一週間分を振り返って見る時も、ちょっとだけワクワクします。それはラジオ体操カードにスタンプを押してもらう時の気分ととてもよく似ています。やる気ホルモンが出て、明日も頑張ろうと思えるのです。些細なことですが、モチベーションの維持に役立ちます。

集中して努力した成果を目に見える形にすることは、それ自体が脳への報酬になるのです。 報酬をもらった脳は「満足」し、また努力しようとします。やる気と集中力を維持し続けるための「成功スパイラル」です。

同じ目的で私は粂原学園の生徒さんやメルマガ読者さんに「**一行日記**」を勧めています。その日記を書くにあたっては、ちょっとしたコツがあります。そこにはプラスの出来事しか書かないようにするのです。ですがマイナスの出来事を無視するという意味ではありません。プラスに変換するのです。

たとえば「平凡なつまらない一日だった」と書くのではなく、「**何事もなく平穏な一日だった**」と書いてください。忙しくて大変だった日は、「**たくさん仕事をして充実した日だった**」と変換しましょう。特に就業時間が決まっている社会人の方は、その時間自体を毎日記録することにあまり大きな意味はないかと思いますので、ぜひこの「一行日記」を試してみてください。

あえてプレッシャーをかける

自分がこれからやろうとすることを、家族や友達に宣言しましょう。例えば家族に「今日は絶対一〇時間勉強する！」と宣言します。また友達には「何日までにこの問題集を終わらせる！」「一週間で英単語を一〇〇個覚える！」と宣言しておけば、実現できなかったら恥ずかしいという気持ちが、怠け心を打ち消す助けをしてくれます。またその行為はプレッシャーに強くなるというより、プレッシャーを味方にするトレーニングにもなります。適度な緊張感やプレッシャーがあった方が人は力を発揮できるものです。

私も生まれつきプレッシャーに強かったわけではありません。大勢の人の前で話す時、昇段がかかったかるたの試合（小学生当時）、運動会の徒競走でスタートラインに立った時……皆さんと同じように緊張しましたし、足がぶるぶる震えたことだってあります。

ですが、親の独特な教育方針のおかげでやや自信過剰ぎみだった私は、これから達成したいことをついみんなに喋ってしまうのです。正直、自分で自分を追い込んで苦しさを感じたことがなかったわけではありませんが、結果的にはそんな性格が功を奏したのではないかと思っています。

私は、ここ数年、日本テレビさんのクイズ番組『頭脳王』に出させていただいているのですが、おかげさまで、テレビで私を観た方に声をかけていただく機会が増えました。ゴルフの練習場などでも他のお客さんの視線を感じることもありますし、ゲームセンターで遊んでいる時になんだかたくさんのギャラリーに囲まれてしまったこともあります。

そんな時でも緊張して失敗してしまうということはあまりありません。どちらかといえば、人に見られている時の方が上手くいくことが多いです。

プレッシャーや緊張を味方にできたことで、子供の頃とは比較にならないほどのかるたの緊迫した試合や、大学受験などの大事な場面で実力以上の力を発揮することができたと思っています。

瞑想する

瞑想と聞くと、「宗教的なもの？」と一瞬皆さんは身構えてしまうかもしれませんが、ヨガを習っている人にはごく普通に使われる言葉です。

あのスティーブ・ジョブズや一流スポーツ選手が、閃きや集中力向上のために取り入れた「思考リセット法」です。

姿勢を正し、目をつぶって、呼吸に集中することで頭の中をクリアな状態にします。禅宗の座禅と似ていますが、雑念が浮かんでくることがいけないわけではなく、考えが浮かんできたらそれを一つ一つ手放していけばいいのです。

数分間瞑想するだけで集中力がアップし作業効率が上がります。一日複数回、毎日おこなうことで、より短い時間で大きな効果が得られるようになります。アイデアに詰まった時は必須です。

とはいえ、いきなり瞑想をするというのもハードルが高いですよね。

私は、寝る前にいつも瞑想を行っているのですが、私が普段おこなっている**超簡単瞑想法**を紹介します。

まずベッドにあおむけに横になり、手足をやや広げて大の字に近い形になります。

そして身体の部位ごとに順番に力を抜いていくのです。

最初は右足首の力を抜きます。次に左足首、右膝、左膝、お尻、右肩、左肩、右腕、左腕、右手首、左手首、右手の指、左手の指、お腹、首、頭の順で、各部位の力が抜けていくのを意識しながらゆっくりおこないます。次のページのイラストに力を抜く順番をふっておきますので参考にしてください。

足首から上へ向かって右、左と交互に力をゆるめていくイメージです。

すぐに頭の中は空っぽになりますが、途中で心地よい眠りに落ちることも多くあります。ぜひ、お試しください。

クメハラ式
超簡単瞑想法

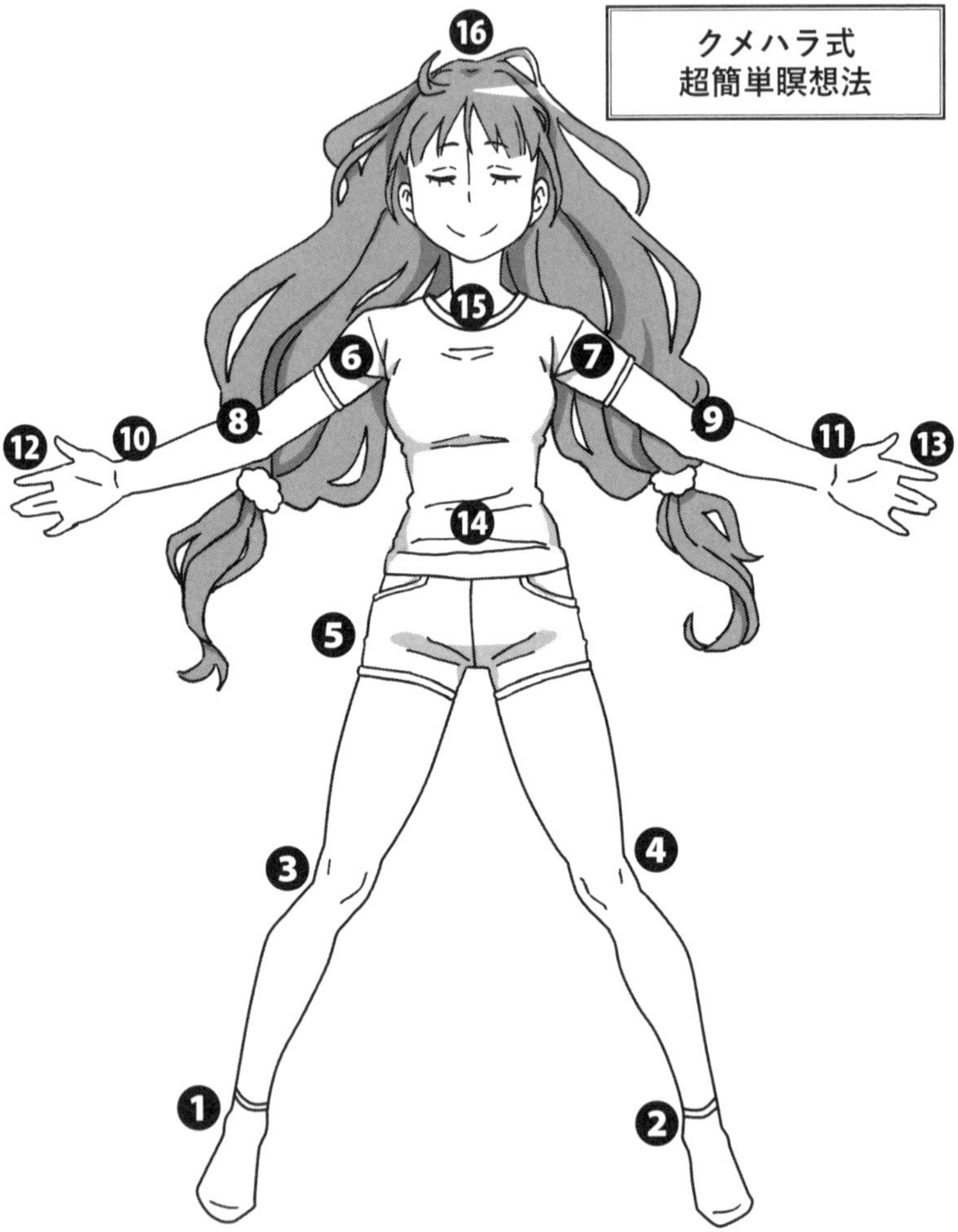

イラスト❶→⓰の順で力を抜いていこう（左右交互に力を抜くイメージ）

第三章
集中力を高める環境づくり
集中できる人は〝型〟を大切にする

集中力を高めるには周りの環境が非常に重要です。

与えられた環境に満足せず、よりよい環境を自分で工夫して作ったり、見つけたりしてください。

本章では、**自分で簡単にできる工夫の仕方や、集中力とモチベーションアップに役立つだけでなく、心身の健康のためにもおこなってもらいたいことや、行ってもらいたい場所などを紹介します。**

普段何気なく訪れている場所が、実はとても大切な意味があったということを知ったり気づいたりすることで、改めてその効果を実感することができます。

ほんの少し視野を広げるだけで、作業効率やその質を上げてくれるスポットや方法がたくさんあるのです。

集中しやすい部屋を作る

あなたの部屋は今、どんな状態でしょうか。

自分の部屋を、集中しやすい環境に整えておくことは、とても大切です。ここでは、集中力を高める部屋づくりのポイントを紹介します。

① 作業する空間では、余計なものが目に入らないようにする

誰しも、誘惑には弱いものです。集中しようと思っていても、マンガやテレビ、スマートフォンなどが視界に入ってしまうと、どうしてもそちらに意識がいってしまいます。これを防ぐためには、なるべくそれらが目に入らないようにする必要があります。机に向かった状態で、マンガなどが刺さっている本棚は視界から消えていることが理想です。スマホは鞄の中にしまいましょう。机の上はシンプルに。今自分が必要

としているもののみを置いて作業に取り掛かってください。

②　疲れにくい椅子を使う

作業部屋の椅子には、可能な限りこだわりましょう。高さ調節ができるというのはもちろんのこと、長時間座っても痛くならないくらいの、座る部分の柔らかさも必要です。肘掛けがついているものがベストです。肘掛けの高さ調節ができるものであればなおよいです。長時間座って作業をしていると、腰だけでなく肩にも負担がかかります。肘掛けを活用することで、肩への負担を大幅に軽減することができるのです。私の家で一番高価な家具は椅子です。通販では買わずに、必ず家具屋さんに行って、色んな椅子に実際に座ってみて、時間をかけて選びます。やはり座り心地がいい物は値段もそれなりですが、他のものを節約しても、椅子だけは妥協しません。

③　広い机で作業する

机上のスペースが狭いと、作業の種類によっては効率がひどく下がります。複数の資料を参照しなければならない時に、それらを同時に広げられるくらいの余裕が欲しいところです。

④ 広い方を向いて作業する

これは特に学生の方に注意してもらいたいことなのですが、みなさんの勉強机は壁側と空間がある方のどちらを向いて置かれていますか？　私もずっと以前はそうだったのですが、机は壁にくっついて置かれている、つまり壁に向かって勉強している方が多いのではないかと思います。

前に壁があると人は圧迫感を覚えます。また、後ろに空間があると、無意識にそこへの警戒心を抱き、気にしてしまうものです。当然、集中力を高めるのには適していません。自分の部屋で机に向かっていても「なんとなく集中できていないな」という方は、机の向きを変えて、背中側を壁にするとよいでしょう。小学校に入学する時に買ってもらう一般的な勉強机には目の前に二段くらいの小さな本棚がついていると思いますが、可能であればそれも取り払ってください。代わりにカラーボックスを机の左右に置き、本棚として使ってみましょう。机の移動が可能な方はぜひやってみてください。

⑤机の上に鏡を置く

私はナルシストでも特別自分の身だしなみに気をつけているわけではありませんが、自宅で仕事や勉強をする時はいつも机の上に鏡を置いています。

作業中に鏡の自分と目が合ってしまう時は集中が切れてよそ見をしてしまっているということですので鏡を使ってつい怠けそうになる自分を監視しています。そうすることで、自分に対して客観的な目線で、集中しているかどうかを確かめることができます。

集中力を高めるためにはまず、自分が集中していない時に、それに気づけるようになることが必要です。

あまりにも集中力が欠けていて、ミスを連発してしまうような時は、あえてこのような方法を取らずとも、

「ああ、今自分は集中が切れているな」

と自覚できるでしょう。

しかし、集中というのはそのように、0か100か、完全に集中が切れているか、

ものすごく集中できているかという単純なものではありません。通常よりも集中できていないが、完全に集中力が切れているわけでもない。そんな時には、ミスにも気づきづらく、集中を自覚できない分やっかいです。日頃から、自分の集中状態について、意識的に観察する癖をつけてみてください。

余分な物のない広い机っ
それに鏡
快適で疲れない椅子っ
机は壁を背にして
広い方に向くっ
達・成・感っ!!
やったー
いや早く勉強するデスヨ?

集中できる場所を三つ確保しておく

自分の部屋を集中できる空間にするのは重要なことですが、人間はマンネリ化してしまう生き物。ずっと同じ場所で作業をしていては、脳も飽きてしまいます。

そんな時は、場所を変えてみるのもいいでしょう。

普段あなたは、自分の部屋以外、どこで勉強や作業をしていますか?

実は、**ここなら集中できる！　という場所を確保しておくことは、集中力を高める環境づくりにおいて非常に大切なのです。**

場所はどこでも構いません。自宅のトイレでもバスルームでも（換気は忘れずに）、外に出て図書館でも、クラシックが流れるカフェでも、ハンバーガーショップでも、近所の公園でもオーケーです。自室以外で自分が心地いいと思える集中スポットを意識的に探して確保しておきましょう。

自分が落ち着いて集中できる場所をストックしておこう！

『スラムダンク』の作者として有名な、漫画家の井上雄彦氏は、執筆のためにカフェなど、複数の場所を作業スペースにしているそうです。

アメリカで出された環境音に関する研究調査結果によると、静かすぎる場所よりカフェ程度の環境音が聞こえている方が創造性が高まるとのことです。また、こまめに換気をしないで狭い自室に閉じこもって作業をしていると、二酸化炭素の濃度が上がり、眠くなってしまいます。執筆に息詰まったら場所を変えるというのは、とても理にかなっています。

このように、**複数の集中スポットを確保しておく**ことは、集中して作業するのに非常に役に立つのです。

また場所を変える時には、必然的に歩くことになります。血流が良くなり、末梢の細胞や神経に酸素や栄養が行きわたるので、疲れが軽減し、移動後の集中力もアップします（ウォーキング効果）。

書店を活用する

私は子供の頃から本屋さんが大好きです。ただし、読書家で本ばかり読んでいる子供だったというわけではありません。本屋さんに入ってその空間にいることがとても心地いいのです。欲しい本があってそれを買うために行くことはごくまれで、本屋さんに行くこと自体が目的になっています。そこに一日中いても飽きることはありません。本屋さんは私にとって最も身近なアミューズメント施設なのです。ジャンルを問わず、全てのコーナーをじっくり見て回り、気になった本を片っぱしから手に取ります。

基本的に立ち読みはしません。目次や最初の数ページに軽く目を通す程度で、しかもそれさえもせずに、作者買い、タイトル買い、帯買いなどをしてしまうこともよくあります（私もいつか「作者買い」されてみたいものです！〈笑〉）。

品揃えのいい大型店に行くとかなりテンションも上がります。今はパソコンやスマホがあればマンガも小説も手軽に読めますし、知りたい情報もネットで簡単に手に入ります。本を買う場合でもネットで注文すればすぐ届いて便利です。私もよく利用しています。

しかし店内を歩き回っていると、普段は滅多に読まないジャンルの本がふと目に止まることがあります。そういう本は、買ってきて開いた時のわくわく感がネットで取り寄せた本とは全然違うのです。興味の対象が増えたり、新しい発見があったり、格好よく言うと、知的好奇心がくすぐられる、本屋さんは私にとってそんな大切な場所です。

でもそれは私に限ったことではないと思います。自分の仕事の役に立ちそうなビジネス書、おいしそうな料理がたくさん並んだレシピ本、学生さんなら行きたい大学の赤本や合格体験記などなど、**自分のセルフイメージを上げてくれそうなそういった本たちに囲まれると、なんだかよくわからないけどめちゃくちゃテンションが上がりませんか？**　それは脳内にたくさんドーパミンが出ているということ。集中力は間違いなくアップしていると言えます。

本屋さんは自分の可能性を広げてくれる最高のスポットだぞ！

銭湯に行く

私は、一週間に一度は銭湯に行くようにしています。大きいお風呂は気持ちがいいという単純な理由から行き始めたのですが、調べてみると科学的にも銭湯は心身の健康にとても良いことがわかりました。

銭湯は浴槽が大きく、家庭の風呂より深さがあります。大きいお風呂に手足を思い切り伸ばして入ることで、**開放感に浸ることができます**。銭湯の高い天井も、この開放感をより高めてくれます。深いお湯に浸かることで、**水圧によるマッサージ効果によって、血液やリンパ液の流れが良くなります**。

また水中では浮力によって身体の重さは約九分の一になるので、筋肉が弛緩し、脳にもα波が出て**高いリラックス効果が得られます**。

さらに銭湯は適度な蒸気がありお湯の温度管理もしっかりされているので、温浴効果を最大限実感することができ、当然集中力ややる気もアップします。

銭湯のメリットは他にもたくさんあるのですが、私が最近強く感じているのは、**孤独感を紛らわせて精神的にとても楽になる**ということです。特に執筆作業中は、孤独との戦いでもあるので、大勢の人といっしょにお風呂に入るというコミュニティー空間でゆっくり身体を温めると、人とのつながりを感じられてストレスが大幅に軽減されます。

おすすめはやはり情緒ある昔ながらの銭湯ですが、私の住んでいる京都市のような学生の多い街でないと、徒歩で気軽に行ける銭湯が近所にはないという方も多いかもしれません。ファミリー向けのスーパー銭湯のようなところでもいいので、これまで銭湯をあまり利用したことがない方は、今後はぜひ積極的に利用してみていただきたいと思います。

プールを利用する

多くの人は、海や川、湖などの水辺に立つと癒されるといいます。それは胎児の時に一〇か月もの間、母親のお腹の中で羊水に包まれていたため安心感を持てるからだそうです。近くにプールがある方は、ぜひ利用してください。

泳ぐことのメリットは非常に大きいです。

浮力によって関節に負担をかけずに全身運動（有酸素運動）ができること、水の中という体温調節が必要とされる環境であること、これらはともに**副交感神経の働きを活発にさせて、心身がリラックスした状態になります**。

銭湯があまり好きじゃないという人は、あまり疲れすぎない程度に泳ぎに行きましょう。当たり前のことですが、集中力とやる気のアップに最も必要なものは、心身の健康ですので。

銭湯には家のお風呂にはない、集中力を高めるメリットがたくさんあるぞ！

水泳は適度な全身運動で身体がリラックスするぞ！

マインドマップを作る

マインドマップは、アイデアをまとめたり、新しいアイデアを出したりする時、非常に有効な手段です。マインドマップとは、脳の中にあるものを、紙に書いて、目に見える形にして整理することです。

なぜマインドマップが優れているかというと、人間の記憶の結びつきに似ているからです。**脳は連想するのが得意で、それを放射状に伸ばしていくマインドマップは、理にかなっているのです。**

作り方は色々細かく、流派等もあるようですが、まずはシンプルでいいと思います。白紙のノートの中心にテーマ（例えば、現状の課題、三か月以内の目標など）を書き、それから連想されるものをつなげてどんどん書いていきます。中心テーマという太い幹から、どんどん枝が伸びていくイメージです。枝と枝も、結びつけていってください。

思ったことをどんどん書き出し、つなげていこう！

だらだらと書かずに制限時間を設けてみるのもいいでしょう。時間を短くして、「完成させたい！」と脳に思わせることで自然と集中モードに入ることができます。それ以外は個人の自由で、カラフルにして視覚にうったえかけるのもよし、イラストを書いてもオーケー。私は絵もデザイン的センスも皆無なので、黒のボールペン一色を使っています。時には気分を変えて、筆を使うこともあります。いつもと書き味が異なり、脳に良い刺激がいくのでおすすめです。

やる気が出る曲のプレイリストを作っておく

やる気というものは、その時の環境、人間関係、作業量、作業内容などなど、状況によって上下しやすいものです。季節や時期で、やる気に大きく差が出る人も多いはず。

私が運営する条原学園では、毎日生徒さんにその日の勉強時間を報告してもらっていますが、年間を通して、どの時期も目一杯勉強を続けられる人はいません。

私は生徒さんたちにはいつも「大事なのは、やる気が落ちた時のために、準備をしておくこと」と教えています。

その準備として私は**音楽の力**を借りています。

音楽の力が偉大であることは多くの先人が言っていることですが、私がおすすめするのは、やる気が出る曲のプレイリストを複数作っておくことです。

私はｉＴｕｎｅｓなどで曲を購入し、パソコン、スマホ、ｉＰｏｄなど、いろんな場所に入れています。「頑張れ、頑張れ！」と**気合いを入れて無理矢理やる気を出す系の曲と、リラックスすることによって徐々に脳の働きを良くする系の曲の、両方のリストを作っておく**ことをおすすめします。ドーパミンとセロトニンは、どちらも集中のために必要ですが、両者のバランスも大切だからです。

音楽を聴きながらでは、仕事や勉強に集中力できないという人もいるでしょう。しかし、やる気がない時、集中力が上がらない時に、好きな音楽を聴くことで作業に取り組むきっかけになれば、それは大きなプラスです。

作業に集中できてきたら音楽をとめてもいいですし、集中できなくても音楽を聴きながらなら少しずつ進めていけるのであれば、そのまま作業をおこなってもよいと思います。

私はよく、松岡修造さんが「できる！　できる！　君ならできる！」と歌う『ＣＣレモン　元気応援ＳＯＮＧ』を聴いて、自分をモチベートしています。

神社仏閣にお参りに行く

「病は気から」ということわざがあります。語源は紀元前の中国の医学書らしいのですが、日本や中国以外でも、例えば、

Care killed the cat.（心配事が猫を殺した）

Sickness and health start with the mind.（病気や健康は心から始まる）

などの英語表現もあります。

全て「気持ち次第で体調は良くも悪くもなる」という意味です。

実際に過度なストレスは免疫力を低下させ、ウイルスや細菌と戦う力が弱くなって

しまうことが医学的にも証明されています。

米マサチューセッツ州のマクリーン病院の調査によると、信仰心の篤い人ほど、うつになりにくい傾向があることがわかりました。

京都に住むようになって驚いたのは、神社や仏閣を訪れる人が一年中後を絶たないことと、その人数の多さです。パワースポットをハシゴすることで願い事が本当にかなうのか、ということはさておき、「精神神経免疫学」の研究では、**祈ることによって各人の状況が好転した**という結果が実にたくさん報告されています。四国八十八箇所の巡礼でがんが治ったという人もいました。はたして空海にそれほどの力があったのでしょうか？

たぶんそうではありません。祈ること、手を合わせること自体に大切な意味があるのです。それをすることで**プラスのイメージや希望を持てれば、脳内にドーパミンやセロトニンなどの神経ペプチドが多く分泌されます。**現実に幸せなことが起きていなくても、幸福感を得られ、それが身体の細胞機能にもよい影響を与えます。

無宗教でもいいのです。というより無宗教の方が、どんな場所でもどんな神や仏にも祈れて便利なのではないかと私は思います。

自然の神、いろんな人が祀られている各地の神社、宗派の異なるお寺、教会……。神仏同士が喧嘩をすることはないと思うので、初詣だけでなく、さまざまな場所で「手を合わせて祈ること」をおすすめします。

少し話は逸れますが、私はかなり小さい頃から片頭痛に悩まされてきました。そのため、さまざまな鎮痛剤を服用しました。しかし、母から渡されて服用していたその薬の多くは、ラムネとマーブルチョコレートだったのです。約一〇年もの間、騙され続けていたわけですね。そのことを初めて知らされた時は、怒りというより自分の単純さが情けなくなりましたが、それは「プラシーボ効果」という治療法だったとあとから知り、安心しました。「プラシーボ」とはラテン語の「私を喜ばせる」が語源です。

粉薬の代わりに小麦粉などを処方し「薬を飲んだから私はよくなる!」という患者の自己暗示を使って薬の乱用を防ぎつつ病気を治すといった、この治療法の是非については専門家の間でも意見が分かれているようですが、ラムネやチョコレートで頭痛が治ってしまったのが自分だけではなくてよかったです(笑)。気分、心が、身体に及ぼす影響の大きさを再認識したエピソードのひとつです。

“お祈り”をすることで得られる効果は、科学的にも証明されているぞ！

コラム・〝ため息〟は体にいい！

物事が上手くいかなかった時や面倒だなぁと思った時などに思わず〝ため息〟をついてしまうことはありませんか？　私はテレビでプロ野球を観ていて、ジャイアンツが負けると「マジかぁ～」「あ～あ～」とため息をつきます。

ほとんどの人がマイナスの気分の時にため息をつくと思うのですが、それは間違った行動ではないんです。ため息をつくというのは息を吐き出すことなので、そのあとは当然大きく息を吸うことになります。つまりは〝深呼吸〟しているということ。

深呼吸の効果的なやり方はまずゆっくりたくさん息を吐いて、そのあとまたゆっくりできるだけ多くの空気を吸うことです。最初に肺を空にしてから、肺いっぱいに空気を満たすというイメージです。人間の身体って面白いですよね。嫌なことがあっても自然とそれをリカバリーできるシステムになっているんですから。**これからは憂鬱な気分の時は堂々と大きなため息をつきましょう。**そのあとは酸素が全身の細胞の隅々まで届くように思い切り空気を吸って、やる気と集中力を取り戻してください。毎日数回、ある程度時間を決めて意識的に深呼吸をして、心身の健康維持に役立ててほしいと思います。

第四章

集中マインドを養う

集中できる体質を作り出すメソッド

集中力を高めそれを維持していくためには、自分を「**集中しやすい体質**」にしておくことが重要です。そんな体質改善も決して難しいことではありません。日常のちょっとした「気づき」や、「習慣」を少し変えるだけで、集中しやすい体質になることができます。

本章では、一見「集中」とは無関係に思われることが、実はとても密接に関係しているという事例とその理由などを説明したいと思います。

作業が楽しくできるようになると、それによって仕事や勉強の作業効率が上がります。同時に常に幸福感を得られるように、今よりも「幸せ」に敏感になれる方法を紹介させていただきます。

集中できるスイッチを作っておく

心理学を学んだことがない人でも、旧ソ連の生理学者イワン・パブロフによる「パブロフの犬」の実験についてはご存知の方がたくさんいるのではないでしょうか。毎日ベルの音を鳴らされたあとにエサを与えられていた犬は、ベルの音を聞かせるとエサを見せていなくても唾液を出したという「条件反射」についての実験です。

この**全ての動物に共通する「条件反射」を上手く利用すれば、簡単に集中スイッチを作ることができます**。パブロフの犬は「ベルの音とエサ」が結びついていましたが、自分を集中モードに切り替えるためのきっかけ（スイッチ）は、音楽、食べ物、飲み物、匂い、何でもいいのです。大切なことは**きっかけがもたらした良い経験（結果）が強く脳に印象づけられていなければならない**ということです。そしてスイッチは複数あるととても便利です。私もそういうスイッチをいくつか持っています。

小学生の時、授業中先生にもの凄く褒められた日がありました。家に帰っても気分良く宿題をしていたのですが、その時テレビから尾崎豊の『僕が僕であるために』という曲が流れていたのをよく憶えています。以来、一〇年以上経った今でも、私はあの曲を聴くと気分が高揚して勉強モードになり「集中スイッチ」が入ります（**聴覚の集中スイッチ**）。

また、受験生の時のこと。ある晩ちょっと小腹が空いてきたので、たまたま家にあったチョコパイを食べながらパラパラ参考書をめくっていました。その日はいつもなら眠くなる時間を過ぎても全然眠くならず、どんどん目が冴えてきて、とうとうそのまま朝まで勉強してしまいました。徹夜で勉強したのはそれが生まれて初めてでした。現在、必要に迫られて徹夜仕事をしなくてはならない時には、私は夕方のうちにチョコパイを買ってきます（**味覚の集中スイッチ**）。麻雀で徹夜をする時には、何故かチョコパイがなくても大丈夫ですが……（笑）。

あなたにもそういった、集中スイッチが入るものがきっとあると思います。告白がうまくいったあの公園の金木犀《キンモクセイ》の香り、大きなプロジェクトを成し遂げた時にみんなで食べに行った醤油ラーメンの味、あこがれの学校に合格し、その入学式で見た一

聴覚の
集中スイッチ
CHOCOLATE
PIE
味覚の
集中スイッチ
視覚の
集中スイッチ
いろいろな集中スイッチを持ってお
くと集中しやすい体質になれるぞ！

面の桜のピンク……。自分の「よい記憶」に結びついている五感を刺激するものを是非たくさん見つけてください。

私は桜が散ってたくさんの花びらが舞っている情景を見ると、痛いほどの緊張感と集中力、同時に思わずニヤニヤしてしまうほどの嬉しさがこみ上げてきます。

それは競技かるたで初めて段を取った時の試合でのこと。

「運命戦」という、自分と相手に一枚ずつ札が残っていて、もはや勝敗は「運」で決まるという状況だったのです。緊張と集中がＭＡＸ状態の中、その運命戦に勝利し、しかもその試合で昇段できました。

帰り道、まだ興奮状態にある私が参道を歩いていると、目の前にたくさんの桜の花びらが舞っていました。息をのむようなその美しい光景は私の脳裏に強烈に焼きつけられたのです。散っていく桜に「はかない」イメージを抱く人もいると思いますが、私の場合はその時の経験から、喜びと同時に神経が研ぎ澄まされたような感覚になります。

小さなご褒美を用意する

「達成感」→「成功体験」→「自信」、これに〝あと一つ〟簡単なことがプラスされると「やる気や集中力のアップ」→「モチベーションの維持」→「作業効率の向上」→「成果」につながる、パーフェクトなスパイラルに突入します。

大成功した人の多くは、このスパイラルに入ることができた人ではないかと思うのです。そのあと一つの簡単なこととは **〝ご褒美〟** です。ご褒美を貰って喜ぶのは小さな子供だけではありません。それにここでのご褒美とは、他人から貰ったものでなくてもいいですし、形のあるものでなくてもいいのです。小学生の頃、スイミングスクールの進級テストに合格したら、帰りにファミレスで好きな物を食べさせてもらえると言っていた友達がいました。あとは、「テストで百点を取ったらゲームソフトを買ってもらえる」と言っていた子もたくさんいたことをよく覚えています。みんなご褒美欲しさに頑張ったのだと思います。

我が家にはそういうご褒美制度はありませんでした。その代わり、なにかが上手くできたり、いい成績を取ったりすると、親からめちゃくちゃ褒めてもらいました。褒められればもちろんいい気分になりますが、それよりも私は、親の嬉しそうな顔を見るのがとても好きでした。最近はそうそう褒められるようなことはしていないので（笑）、私は一つの作業が片付くと、自分で自分を褒めています。また、それだけではなく、形あるご褒美も常に自分で用意するようにしています。

その時に、私が意識しているのは〝**小さなご褒美**〟にするということです。「この本が書き上がったら、スペインにサッカー観戦に行こう！」というような先の長い話だと、モチベーションの維持が大変です。疲れてくると「本なんていつ書き上がるかもわからないぜ？　スポーツ観戦はテレビが一番だろ？」と心の悪魔が囁きます。ですので、生来怠け者の私は「この本が全部書けたら……」ではなく、「この章が書けたらあの漫画を読もう！」と、頑張るスパンを短くして、その分ご褒美も小さなものにしています。そして書き上がった暁には、大きなご褒美として晴れてスペイン旅行に、と考えています（まだ行けてませんが！）。

達成しやすい目標を積み重ねていくことで、どんどん集中しやすい自分になれるぞ！

このように**大きなご褒美と小さなご褒美を自分で用意し、時には目標達成後の美味しい物や楽しい時間を想像してドーパミンを出してください。**小さな目標を一歩ずつ着実に達成していくことが、モチベーションを維持しながら人生に大きな成功を導くための近道なのですから。

プチ脳トレをやってみる

いくつになっても子供の頃と同じ好奇心や冒険心を持ち続け、常に新しいことにチャレンジしている人は素晴らしいと思います。脳の機能を維持したり向上させたりするために必要不可欠なものは「刺激」です。脳は刺激を受けないと退化し、集中力も低下していきます。しかし多くの人は、仕事や勉強に追われる日々の中で、刺激を求めて未知の世界に探検に行くことなどそうそうできるものではありません。

では普段どんなことをすれば脳が活性化するのかといいますと、それは**「想像」することです**。一番手っ取り早いのは、漫画以外の本を読んで、情景や登場人物の顔などを頭に浮かべてみること。または推理小説を読んで、犯人やトリックを予想する。読書が嫌いな人は、電車などで会った知らない人の服装や持ち物などから、その人の

職業を想像してみてもいいでしょう（答えを知ることはできませんが……）。

想像すること以外にも色々あります。脳は新しいことが大好きなので、右利きの人が左手に箸を持って食事をしたり、いつもと違う道を通ったり、食べず嫌いで避けていた料理をあえて食べたり……。例を挙げたらきりがありません。要は**新しい体験という刺激を脳にたくさん与え続ける**ことです。

脳トレを目的とした本やゲームやパズルなどもいいですが、普段の生活で無意識におこなうプチトレが習慣になれば、何歳になっても衰え知らずの脳でいられます。

ラッキーナンバーを意識する

古今東西、私たち人間の生活に空気のように存在している「数字」。

数字は生まれてから死ぬまで、いや死んだあとも私たち人間を支配し続けています。

日付や時間、距離、お金、優劣……政治、経済、文化、スポーツ、健康、ありとあらゆる分野に必ず数字は存在します。

ちょっと自分は、算数系は苦手で……という方は相当数いらっしゃると思います。

ただ、数字から目をそむけて生活することは決してできません。

それであれば、いっそのこと、それをプラスの方向に利用する方法を考えてみてはどうでしょうか。

具体的には、**気分や行動にプラスに働くように、積極的にこちらから数字を利用してあげる**のです。

みなさんにも好きな数字はありますよね？　ラッキーセブンなんて言葉があるわけですから、7は縁起がいい数字だと思っている人は多いでしょう。8月生まれだから8が好き、という方もいらっしゃるかもしれません。

そういった、自分が好きな数字を見た時だけ「何かいいことがあるかも」とプラスの思考を呼び起こすスイッチ、そして行動を起こすスイッチにしてみるのです。

例えば、私が中学受験する時の受験番号は「797」でした。それを見た隣の席の女子が「落ちても泣くなよ」なんてからかってきましたが、私はそういうのは全然気にしません。逆に私の好きな数字「3」を見るといい気分になるというか「縁起がいいな」と思います（もちろん、797も縁起のいい数字になりました〈笑〉）。誰にでも喜びや成功の記憶と結び付いている数字があるはずです。それを自分のラッキーナンバーとして常に意識するようにしてください。偶然でも必然でもいいので、**その数字を見たら「いいことがあるかもしれない」と自己暗示をかける**のです。「コンビニのレシートの合計額が777円だった！」でもOK。やる気や集中力アップに必要なドーパミンは「期待すること」だけでも十分に分泌されます。

それから私は39（サンキュー）を見ると意識して誰か（何か）に感謝することにして

**「何かいいこと起きるかも…」と思うだけで
ドーパミンが分泌され、集中力は高まるぞ！**

います。感謝することの利点はあとの項目で説明します。

　余談ではありますが、私の母は、私や私の妹が生まれた時の体重や時間を銀行のＡＴＭの暗証番号に使っているらしいのです。母にとってそれらの数字が、一番幸せな記憶と結び付いているのかもしれませんね。

数秘術を使ってみる

数字つながりでもう一つ。ここではきちんと体系化され、紀元前から存在する「数秘術」について紹介したいと思います。かの有名なギリシャの数学者ピタゴラスによって広められた「数秘術」は、それよりずっと前からローマやエジプト、中国などでも用いられていたという説もあります。

手相や姓名判断と同じ占いですが、前述の「祈ること」や「プラシーボ効果」と同様に、私はこれも肯定的に捉えています。自らを客観視する機会になることは非常に有意義ですし、潜在能力に気付くことができたら、より自分らしい人生を送れるようになるのではないかと思えるからです。

実際にやってみましょう。

まず、自分の生年月日（西暦）の数字を一桁になるまで足します。

例えば私は1991年6月13日生まれなので、

1＋9＋9＋1＋6＋1＋3＝30

3＋0＝3

ということで、3が私の誕生数、先天的な性質や潜在能力を表します。また生年以外の数字を足した数を覚醒数といい、後天的な性質を表します。

私の場合は覚醒数は、

6＋1＋3＝10

1＋0＝1

なので1です。ちなみに二桁になった時、11と22と33の場合は、それ以上足しません。自分の先天的及び後天的パーソナルナンバーは、1〜9、11、22、33のどれかを調べ、それぞれの特性を知ります。

各数字が示す代表的な特性を左ページに示しました。白抜きの数字がパーソナルナンバーになります。占いにアレルギーのない方はぜひ参考にしてみてください。

数秘術タイプ分け
（数字はパーソナルナンバー）
1 リーダータイプ
なぜかトップを任される！
2 参謀タイプ
縁の下の力持ち！
3 ムードメーカータイプ
破天荒だが憎めない！
4 お母さんタイプ
超優しいけど、やや天然！
5 行動派タイプ
スピード優先即実行！
6 世話好きタイプ
空気を読んで尽くします！
7 研究者タイプ
職人肌のこだわり気質！
8 中間管理職タイプ
マネジメントは任せなさい！
9 冷静沈着タイプ
すべてを悟った大賢者！
11 芸術家タイプ
勘を頼りに世の中渡る！
22 重役タイプ
重役
NO. 2で俺はいい！
33 変人タイプ
たまにミラクル起こします！

いただきます、ごちそうさまを声に出して言う

昨今、食育という言葉が一般的に使われるようになりましたね。小学校などでは、「食に携わる全ての人に感謝しなさい」といったことが教えられています。

日本では食事の前後に「いただきます」「ごちそうさま」という習慣があります。この習慣は世界共通ではありません。カトリックの敬虔な信者の家庭では、食事の前にお祈りをすることもありますが、私たち日本人の多くが思っているほど、キリスト教を信仰する人が皆お祈りをしているわけではないようです。私は恥ずかしながらまだ一度グアムに行ったことがあるだけで、海外の事情には詳しくありませんが、海外の友達や留学経験のある人、誰に聞いても皆「無言で食べ始めた」と言っていました。そういえば世界共通語である英語で「いただきます」「ごちそうさま」と訳せる言葉はありません。せいぜい、食べ始める時に「Let's eat.」食べ終わったら「I'm done.」と言

う程度でしょう。日本の「いただきます」や「ごちそうさま」と決定的に違っているのは、英語のそれには「感謝」の意味が含まれていないということです。これは世界に誇れる日本文化の一つと言えるのではないでしょうか？ 私たち日本人は、物心つく前に親から教わりますし、幼稚園や小学生時代は、クラス全員で声を揃えて言ったりもします。人によっては合掌して「いただきます」や「ごちそうさま」を言う人もいるでしょう。大人になってもそれらの習慣を欠かしていない人は素晴らしいと思います。よくありがちなのが、家族と食事をしている時はちゃんと言えていたのに、一人暮らしを始めて一人で食べる機会が増えると、だんだん無言で食べ始め、食べ終わっても無言のまま、そんな人も少なくないと思います。食事を作った人が目の前にいないからでしょうか？

食事の前後に言う感謝の言葉は、食事を作ってくれた人に対してだけのものではありません。その食べ物が自分の口に届くまでにそれに携わった全ての人に向けた感謝の言葉でなければならないのです。自然の摂理とは言え、私たちは動植物の命をもらって自らの命を長らえているわけなので、そのことにも感謝しなければなりません。私は一人で食事をする時でも「いただきます」「ごちそうさま」は声に出して言うようにしています。毎食その二つの言葉の意味をきちんと自分に言い聞かせるためです。「ごちそうさま」と感謝したあとに怠けるわけにはいかないですよね。動植物からもらった命を自分の栄養にしたのですから、仕事も勉強も「頑張ろう!!」と思えるはずです。もちろん健康な身体を維持するという意味でも「食事」はとても大切な行為なので、一人で食べる時でも「いただきます」「ごちそうさま」をちゃんと口に出して言い、メリハリのある生活をしてほしいと思います。

ちなみに、やる気と集中力アップに不可欠なセロトニンを作る食べ物は以下の通りです。

- 肉や赤身の魚
- 卵
- 大豆製品やナッツ類
- ゴマ
- チーズやヨーグルトといった発酵乳製品
- バナナやキウイ

……などなど。

これらの食品には、セロトニンを生成するために必要なトリプトファンという成分とビタミンB_6の両方が多く含まれているので、効率的に栄養が摂取できます。

私は基本的に料理をしないので、食事について偉そうなことは言えないのですが、卵、納豆、豆腐、チーズ、ヨーグルトは冷蔵庫に常備しています。外食する時は肉を注文することが多くなります。スーパーで刺身を買ってくる頻度も高いのですが、私の家ではツナ缶が大活躍しています。

また、セロトニンの九五パーセントは腸で作られるので、腸内環境を整えてあげることは、食事同様とても大事です。発酵食品と乳酸菌飲料も意識して摂るようにしてください。

感謝する習慣をつける

私のような若輩者がこんなことを言うのはちょっと生意気だと思われるかもしれませんが、感謝する気持ちをいつも持っているのは、すごく大切なことだと思います。それは人によく思われたいからとかではまったくなくて、自分自身のためという意味で、です。

周囲の人、世間、環境、今この時代に生きていること、それら全てに感謝するだけで、自分自身が幸せになれるんです。「ありがとう」と言われて嫌な気分になる人はいませんが、この時、ありがとうを言われた人とありがとうを言った人ではどちらがより幸せだと思いますか？　私は後者だと思います。なぜなら、ありがたい状況にあるのは後者の方だからです。つまり、**感謝した数だけ、ありがとうを言った数だけ、人は幸せになれる**のではないかと思うわけです。

まず天文学的な確率で生まれたこと、ここが今戦場ではないこと、基本的人権を国が保障してくれていること、言論の自由があること、誰に制限されるわけでもなく自由に勉強できること。そんな恵まれた環境で今を生きていることに感謝し、心からありがとうという気持ちを常に持っていれば、勉強や仕事に集中できないなんて、どれほど贅沢な悩みだったのかと気づくのではないでしょうか。「勉強はやらなくてはいけないものではない。やってもいいものだ」——勉強が義務ではなく自由に選択できる権利だということを、幼いうちから教えてくれた母に、今とても感謝しています。

また、感謝をすることによってオキシトシンというホルモンが分泌されます。近年の研究でこちらは集中力を高めるセロトニンとの相関性があることがわかってきました。どちらも〝**幸せホルモン**〟と言われています。オキシトシンは、人との触れ合いや、感謝、共感などで分泌されます。誰かに親切なおこないをして感謝され、いい気分になった時にも、感謝した時と同様に分泌されます。

人に親切にする

人にプレゼントをもらえば嬉しいですが、プレゼントをあげる時（相手の喜ぶ顔を想像して品物を選ぶ時から）も、同じように幸せな気持ちになりますよね。どちらの場合もオキシトシンが分泌され、それに伴ってセロトニンが増え、**幸せな気持ちと共に集中力も増す**というわけです。

親切にする相手は人間だけじゃなくて構いません。動物や自然に対しても親切に接し、自分が誰かの（何かの）役に立っていると実感できるということは素晴らしいことなのです。

私が大学生の時に、東日本大震災が起こりました。そこで丸一日震災の支援物資を分別する手伝いをしたことがあります。帰宅後、身体は疲れているはずなのにその日に限って勉強が妙にはかどったのをよく覚えています。大学時代、勉強がはかどったことなど数えるほどしかないので印象に残っているのだと思います。これが「ヘルパーズ・ハイ」というものなのかもしれません。かるたの試合に勝利した時の爆発的な高揚感とは違って、心がほっこりしてじんわりいい気持ちになりました。**「見返りを求めず」誰かに親切にするだけで、結局自分が一番幸せになってしまう**のです。

ボランティア活動はハードルが高いという方もいらっしゃるかもしれませんが、普段の生活でも、そのような機会はたくさんあります。乗り物の席や乗り降りの順番などを譲る「お先にどうぞ」という心がけ、コンビニの棚から落ちた商品を通路で見つけた時、自分が落としたのではなくても、拾って棚に戻す、などなど……、例を挙げたらきりがありません。誰も見ていなくても、誰にもお礼を言われなくても、ちゃんとオキシトシンやセロトニンは分泌されます。「情けは人の為ならず」ということわざが、これらの物質が発見されるはるか以前からあることに、改めて感動します。

あとがき

私が粂原学園の生徒さんに勉強を教える時、または京大のサークルで後輩にかるたを教える時、絶対にやってはいけないと心掛けていることがあります。それは教える相手に「レッテルを貼らない」ということです。

「A君はいつもハキハキしてやる気があるから、他の人より成績アップが期待できそうだ」

「Bさんはいつもおとなしいから、かるたで勝ち上がっていくのは難しいかもしれない」

などと指導をする側の人間がレッテルを貼ってしまうと、指導する際、無意識のうちに熱意に差異が生じてしまいます。どんなに公平に接しているつもりでも、教わる側もそれを敏感に感じ取るでしょう。当然成績の上がり方やかるたの上達に大きく影響します。指導者の勝手な先入観によって相手の可能性を限定してしまうことはとても恐ろしいことです。

「教師が期待を寄せた生徒の方が成績は向上する」

ということは、アメリカの教育心理学者ロバート・ローゼンタール氏が一九六四年にサンフランシスコの小学校でおこなった実験で証明され、それは「ローゼンタール効果」または「ピグマリオン効果」と呼ばれています。

これは勉強やかるただけでなく、スポーツや仕事など、指導する側とされる側が存在する全ての場合に共通することだと思います。これについても心理学者の間で賛否が分かれているようですが、私は指導者の心得としては非常に大切なことだと思っています。

ただ私が恐れているのはこの「ローゼンタール効果」が悪い方に作用してしまった場合、つまり、指導を受ける側の人が指導者の言うことを鵜呑みにして自らに「レッテル」を貼ってしまうことではないかと思うのです。

私たち人間の生まれつきの能力の差などというものは、全くのゼロではないかもしれませんが、人生を左右するようなたいそうなものではないと思っています。自分の限界を勝手に決めるのは、とても危険なことです。

●ついだらだらとしてしまい、全然やる気が起きない人
●記憶力がなくて、なかなか覚えられない人
●集中力が持続しなくて、何でも途中で投げ出したくなってしまう人

それは本人の責任ではありません。
「やる気を出す方法」「記憶する方法」「集中する方法」をただ知らなかっただけなのですから。

また、私は「言霊《ことだま》」の力を信じています。それは霊的な意味で、ではありません。ポジティブな言葉は人に自信を与えてくれます。それを連発していれば、なりたい自分に早く近づけると思うからです。前述のように脳は実際に幸せなことが起きていなくても、幸せを「期待」することでその機能を向上させることができます。今後自分がどんな人になりたいかを妄想するだけでなく、それを言葉に出して言うこと。楽しい、嬉しい、面白い、美味しい、気持ちいい……などのポジティブな感情を声に出すことで、誰の人生も必ず好転すると信じています。

私が本書で紹介したメソッドを読んでくださった方が、これまでの苦労から少しでも解放されて、より楽しい毎日を過ごしていただくことを、心から願っています。

最後に、人生経験もまだ浅い、私のような若輩者が書いた本を読んでくださった皆様と、出版に多大なご支援とアドバイスをくださった飛鳥新社の畑北斗様、イラストを描いてくださった洞田創様に、心より感謝申し上げます。

著者

参考文献

『暗黙の心理――何が人をそうさせるのか』
ダニエル・ウェグナー／ロビン・ヴァレカー・著

『脳と音読』
川島隆太／安達忠夫・著

『シロクマのことだけは考えるな！』
植木理恵・著

『「親切」は驚くほど体にいい！』
デイビット・ハミルトン・著

『エッセンシャル思考』
グレッグ・マキューン・著

『進化しすぎた脳』
池谷裕二・著

『ヤル気の科学――行動経済学が教える成功の秘訣』
イアン・エアーズ・著

『実践！ ふだん使いのマインドマップ』
矢嶋美由希・著

『太陽を浴びると健康になる！』
明石真・著

『パワー・オブ・レスト』
マシュー・エドランド・著

粂原圭太郎（くめはら・けいたろう）

1991年生まれ、群馬県出身。京都大学経済学部卒業。京都大学法科大学院在学中。粂原学園代表。競技かるたA級八段。高校時代、首の骨を折る大怪我で、長期の入院・リハビリを経験するが、自身で学んだ勉強法を生かし、京都大学経済学部にトップで合格を果たす。在学中、『最強の頭脳日本一決定戦！頭脳王』（日本テレビ系）のベスト8に選出。また、家庭教師、個別指導講師、集団指導講師を経験。その後個人で、オンラインの勉強法指導、受験指導を開始。2015年には、塾・学校向けに「生徒のやる気の出し方」「成果の出る勉強法」を教えるコンサルティングも開始。全国各地の学校で講演会を行うなど、より多くの中高生に、勉強の楽しさを教えようと奮闘中。モットーは、「最小の勉強で、最大の成果を」。著書に『京大首席合格者が教える「やる気」と「集中力」が出る勉強法』（二見書房）『学校では絶対教えてもらえない受験勉強法』（エール出版社）など。

【勉強革命.com】http://benkyokakumei.com/

頭の中を無限ループする“あの曲”を一瞬で消し去るすごい集中法

2017年12月30日　第1刷発行

著　者
条原圭太郎

発行者
土井尚道

発行所
株式会社飛鳥新社
〒101-0003 東京都千代田区一ツ橋2-4-3 光文恒産ビル
電話　03-3263-7770（営業）03-3263-7773（編集）
http://www.asukashinsha.co.jp

本文イラスト
洞田　創

装　丁
西村恭平（Balloon Design）

p26. 音源制作協力
サイラス・望・セスナ

印刷・製本
中央精版印刷株式会社

ISBN 978-4-86410-572-9

編集担当
畑 北斗